不是說服，是談判

直擊思維困境的10堂共贏課

三星集團首席教練

吳明浩 —— 著

Content 目錄

為什麼需要談判？

　　我們的人生中，充滿了無數的談判。小至人與人之間的交易，大至國與國之間的外交，談判總是無所不在。儘管如此，卻鮮少有人系統性地研究「談判」這個領域。這也是為什麼大家會對談判感到棘手，更別說企業的交易環境中充滿著無數談判。根據談判的結果，公司可能會得到巨額的利益或損失，甚至有時談判的結果也將左右企業的存亡。由此可知，公司員工的談判能力將大大影響企業的未來。

　　這是個重視談判力的時代。而如今談判更加受到矚目的原因，是基於資訊爆炸自然而然產生的需求，具體原因如下：

　　第一，組織結構的改變。許多公司已經從過去的垂直分化，轉變成水平分化的結構。

　　因為企業們已意識到：要快速面臨變化並產出有創意的成果，在強調上下關係的組織結構中較難達成。然而，在垂直的組織結構中，要完成一項任務，上司對部屬的指示和管理卻是

非常有效的溝通方式；反之，在水平的組織結構中，尊重及認可對方才能有效地提升效率。水平結構的組織，相當重視互相協調彼此的意見，或者雙方可以針對問題進行協商。

第二，交易關係的改變。昔日強者與弱者的甲乙關係*，如今已逐漸轉變為相互協力、合作的夥伴關係。如果將交易結果單純分為勝者和敗者，對於創造綜合效益會形成阻礙，長遠來看對雙方都沒有好處。因此，若自始至終只專注於自身的需求，與對方進行單向溝通是不行的，現今社會講求的是分析對方的需求、準備有創意的解決方法、增加談判中的籌碼，並且彼此互相交換條件以達成真正的雙向溝通。

第三，資訊環境的改變。我們生活在一個資訊可以無限共享的時代，與過去不同的是，如今社經地位較高的人再也無法壟斷更多資訊，資訊對所有人來說都是公開、透明的。也就是說，大企業掌握的資訊，中小企業一定知道；銷售員擁有的資

註：* 所謂的甲方，是在合約中，代表雙方合作過程時提出要求的一方，通常也較具有主動性。由這個意思延伸，文中用來表示具有相對優勢地位（甲方）及另一方相對弱勢（乙方）的關係。

訊，顧客也一定會知道；高階主管知道的資訊，公司員工更不可能不知道。

現代社會，不存在只有你一個人才知道的資訊。這也是為什麼以情報優勢來說服他人，這樣的溝通方式將不再有效。

> ▷ **不同時代背景所強調的談判**
> 交涉、協商、達成共識、調解、信賴、僵局、FTA 談判、朝美協商、企業 M&A 談判等，可以聯想到各式各樣的單字。

項目	工業化時代	資訊爆炸時代
組織結構	垂直結構	水平結構
交易關係	甲乙關係	夥伴關係
資訊環境	資訊不對稱	資訊無限共享
溝通方式	單向溝通	雙向溝通
有效策略	恩威並濟、獎酬制度	尊重、認可、共同規劃

書中共分成十堂課，進行順序為：「談判的理解」——「實戰的技術」——「解決衝突的技術」。這是一本專為所有上班族所編纂的談判實戰指南，不論是負責採購、銷售、人事、管理、還是業務等員工，所有帶領組織的主管們需要的談判技術，全都收錄在本書中。與市面上以案例為主的其他書不同，本書的基礎是建立在理論的背景之上，再聚焦說明具體的談判應用方法。最重要的是，為了讓讀者們更容易理解書中的內容，也在插圖和圖像化的解說上投注了大量心血，敬請期待！

吳明浩

一刻也無法移開視線，
談判的精髓

上過這堂課的強人們大力推薦

　　這是我進入公司十年後，第一次發生的狀況。在這兩天一夜的課程中，我完全沒有打瞌睡、也沒有分心。由於太過投入在課堂上的理論敘述、案例說明以及情境練習，時間在不知不覺中快速流逝。連我自己也難以置信，我竟然會如此熱情地參與課程。上完這堂課之後，內心感到非常充實。

三星電子 採購戰略組專家

我原本對談判抱有許多疑惑，該怎麼做才能讓對方按照我的想法行動呢？在現實生活中，雙贏真的存在嗎？但是在聽完這堂課之後，我的想法有了天翻地覆的改變。所謂的談判，就是雙方為了彼此的利益進行協商。不是去說服對方，而是和對方進行談判。這堂課對我來說，就像是人生的一堂課。

新世界百貨公司合作夥伴

這堂課原本沒有安排在公司的教育計畫內，是我的部門直接向人才開發部提出要求，因而增設的內訓課程。因為這是人才開發部成立以來初次發生的事，所有人都非常詫異。「到底會是誰來講課，課程又將如何進行呢？」後來疑惑全部都解開了。只要親自參加一次之後，你就能明白為什麼我會這麼說。

KCC 教育訓練組科長

一年之中，我重複聽了這堂課三次以上。但每一次聽，都像是截然不同的課程。根據授課對象的差異，理論與案例的講解和運用方式也會有所不同，這讓我感到非常有趣。實戰練習的內容也非常多元，讓我們有機會體驗到平時很難接觸到的角色，感覺非常棒。如果還有下次機會，我依然會再來參加這堂課的。

S1 BE業務部部長

在公司前輩的推薦之下，我參加了課程。這堂課是由韓國金融研訓院所開設的「讓金融人成為談判專家」。課程內容是將談判的理論和案例，實際應用到金融公司中。在這三天兩夜、總共23小時的期間內，我學到了談判的技術與智慧。課程的成果還是要由學生親自評論：我認為這堂課大概有95分以上。

新韓銀行次長

中文版推薦序

這20年來，我花了許多時間研究談判相關的議題，也為企業界規劃各種談判課程，需求量很大。現代人對於談判的議題，越來越關注，原因來自於人際互動日趨複雜，從政治談判、商業談判，延伸到情感與家庭當中，看起來談判無所不在。然而，很多人以為談判是嚴肅的，但其實談判是極其生活的。

作者吳明浩，在韓國經營談判教育訓練，是一位非常出色的培訓師，本書彰顯了深入淺出的談判概念，讓我們更能理解談判是一種對方心理感受的應用。

從故事、主題、圖解，一直到練習與測驗，非常符合現代人的閱讀習慣。慶幸這本書的中文版誕生了，但願我們能將書中闡述的方法運用得宜，讓我們的人生更順遂。

GAS口語魅力培訓®創辦人＿王介安

為什麼你看了許多談判的書，或者上過談判大師的課，但一遇到談判時，卻總是一籌莫展？除了自身過往的經驗外，對談判的認知，也會直接影響你在談判過程中的思維。例如：「越想說服對方，衝突或僵局就越嚴重，最後不了了之；萬一有求於對方，為了擔心破局而造成自己的傷害，只好彎下腰委屈地接受對方的條件。」作者在第二課曾提到：「不要說服。」就是非常正確的觀點，因為不說服對方，對方才不需擔心輸，反而更容易達成共識。

　　其他技巧如誘導對方自己做決定、要惋惜地拒絕、留台階讓對方下以及準備替代方案等，也是我在談判課程中對學員們耳提面命的關鍵。

　　這本書可以提供大家跳脫傳統談判的全新觀念，也能引領大家在面對談判時，能有效達成共識、創造雙贏。

奧若文化創意總經理_林家泰

有些人認為，談判就是要廝殺，唯有達到你死我活的勝利，才是好談判。但談判真的是如此嗎？當角色互換時，你能接受這種結果嗎？

　　如果，你的答案是否定的，推薦大家閱讀這本《不是說服，是談判》。讓作者帶著你領悟談判的核心、理解實用的技巧、進行有效的談判。

　　如果，你不太懂談判，這本書能幫你建構最正確的觀念，讓你站在好的出發點，不走歪路；如果你略懂談判，這本書可以讓你驗證所學，加深功力；如果你是談判大師，更能用自己的方法解決書中的案例，分享給大眾。最後，各種談判技巧其實都不脫談判者自身必須擁有大量優勢，而閱讀這本書，就是擁有優勢的開始。

簡報教練／暢銷作家_林長揚

　　這是一本內容扎實，但深入淺出的談判書。如果你想理解談判，但苦於時間有限只能看一本書，那絕對可以從這本書優先看起。

大人學共同創辦人／企業談判課程講師_張國洋

SUCCESSFUL
NEGOTIATION

Lesson 1

打破談判的
刻板印象

談判是讓「對方」說「Yes」！
談判是打破刻板印象！
談判是為了達成「目標」的一種手段！

Lesson 1
打破談判的刻板印象

讓我們用一個關於談判的問題，來揭開這本書的序幕吧！

假設你是一名牧羊少年，不過這個故事和大家耳熟能詳的《放羊的孩子》並無任何關聯。

　　牧羊少年是一個以販售羊隻為業的商人，而今天打算將含辛茹苦養大的90隻羊帶到市集賣掉。但是，在前往市集的路途中，會先遇到一條廣闊且沒有橋樑的大河。幸運的是，在河邊有一名能運送羊隻的船夫，因此你會需要向船夫委託運送的工作。但是，船夫卻要求以「一半的過河羊隻」來支付船票，以上就是這次的談判價格基準。

　　這張船票也太貴了吧？假設你並沒有其他可以選擇的替代方案，當下如果想要順利過河的話，除了與這名船夫交易，別無他法；又或者你可以選擇繞路，但是路途會更加遙遠，反而缺乏效率，並且船夫也僅有眼前這位而已。故事說到這裡，問題來了：如果可以和船夫談判運費的話，你願意支付多少隻羊來換取船票呢？

必須給幾隻羊？

談判是讓「對方」說「Yes」

請試著思考，有什麼方法可以讓船票降價。

在殺價的時候，大家經常使用的方法是和老闆說：「我會多買一點。」也就是利用所謂的常客優勢（advantage*）向老闆要求折扣。舉例來說：「以後每次只要過河，我都會來搭你們家的船，所以船票拜託再減少10隻羊吧！」或者使用與上述類似的方法，發揮自己的影響力來向其他人宣傳：「我現在在牧羊少年工會裡當總務，我會幫你向其他人打廣告，讓他們都來搭你的船。能不能給我打對折呢？」

除此之外，過去幾年我在授課的過程中，也聽過其他各式各樣的想法，例如：「不要用羊隻來交易，試著換成羊毛和船夫談判」、「跟船夫說：讓我先去市集，如果我賣掉很多羊的話，我就給他多一點羊當船票；反之，如果我賣掉很少的話，就只能給他少一點」、「畢竟回來的時候也要過江，不如連同回程的船票一起談判」等。

大家有想到什麼特殊的辦法嗎？如果有想到至少三個以上的話，恭喜你，你是具有談判天賦的人。不過可惜的是，以上的舉例都和正確答案有些距離。沒錯，這個問題是有正確答案

註：*優勢（advantage） 談判術語。用來表示自己處於有利的位置。

的。當然，這些提議對於某些船夫而言是可以接受的，但以上的提議全都存在著一個共同的根本問題。

那就是對方有可能對你說：「NO」。因為對方如果接受你的提議，對他來說，這樣也許會替自己帶來損失。

只要對方拒絕你，就算你提出的談判方案再好，也不過是空想而已。或許，那只是對你而言很好的提議罷了。因此，必須要為對方設身處地著想，才有可能達成好的談判。在大家開始思考任何的談判方案之前，請先試著捫心自問：**假設今天立場互換，我會接受那個提議嗎？**面對這個問題如果你仍會點頭的話，那就代表這至少是個還不錯的談判方案。記住，談判是讓對方說「yes」，重點不是你。

> **"**
>
> ## 在談判過程中，重要的並非你的想法，
> ## 而是對方的想法。
>
> **"**

談判是打破刻板印象

如果要帶90隻羊過河的話，以船夫的開價，必須要支付給他「一半的過河羊隻」，也就是45隻羊。

不過，實際的正確答案是30隻羊。

為什麼只要給30隻羊就能過河呢？關鍵在於支付船票的方法。實際上並不是把90隻羊全部帶到對岸，而是帶著60隻羊過

河，把其他30隻羊留在原地。在這個情況下，「過河羊隻的一半」就會是30隻。同時這也是按照船夫要求所支付的代價，因此，船夫並沒有拒絕的理由。各位只要用剩下的30隻羊來支付船票就可以了。

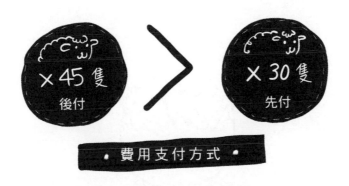

就像生活中大部分的問題一樣，一旦當你知道答案後，就會覺得原本的問題看起來很簡單。但是，為什麼我們沒有馬上想到可以只帶60隻羊過河？我認為答案就在刻板印象之中。大部分的人對費用支付方式的刻板印象就是「後付」。一般來說，我們會認為在使用產品或服務之後才需要支付款項，因此，會選擇先帶90隻羊過河，到了對岸之後才考慮到費用的問題。不過，如果大家能找到說服船夫的辦法也沒問題；但是，要想說

服船夫與金錢利益相關的事並不容易。在說服對方之前，首先
要制定自己能夠執行的計畫，這就是「談判」。真正的高手，
能夠提出讓對方無法輕易拒絕的提議。不過話說回來，就算不
說服船夫，只要想想是先付還是後付，至少就能減少15隻、也
就是33%的費用支出。

　　人們對談判感到棘手，正是因為有如此多的刻板印象。種
種刻板印象都會導致談判失敗，不論你是以為解決辦法只有一
個，還是把談判當成需要一決勝負的拔河比賽，又或是你認為
談判就必須要說服對方等。為了培養談判的能力，打破刻板印
象的訓練是必要的。

> ## 對談判感到棘手，最大的原因來自於錯誤的刻板印象。

談判是為了達成「目標」的一種手段

既然如此，30隻羊就是最終、最好的折扣嗎？難道沒有其他繼續減少船票的辦法了嗎？為了尋找答案，我們必須再往前邁進一步。

牧羊少年原本的目標是什麼？沒錯，就是到市集把90隻羊賣掉。而牧羊少年和船夫談判的過程，就是產生變數的時間點。換句話說，不一定要和船夫談判，只要能夠去市集把90隻羊全部賣掉就行了，這也是能夠得到最多利潤的方法。

如果換成這麼做，你覺得如何呢？首先，只帶著2隻羊搭船過河。按照船夫的要求，你只需要支付1隻羊當作船票就可以了。然後帶著剩下的另一隻羊去市集。「這裡有強壯又健康的

89隻羊要賣！」接著，把一起過河的那隻羊作為樣品展示給大家看，之後再尋找購買者，和購買者進行價格談判。最後，再與購買者一同過河，把其他剩下的羊全部交給他。

這是我在上課時，某個外商企業的CEO給出的答案。當然，在這個情況下，與購買者進行價格談判的時候，仍需要考慮到運費的問題。但這依舊是個非常有創意且相當有策略的談判方案，而且這個想法已經觸及到談判的核心。

談判是為了達成目標的手段。不論是哪種談判，其目標絕對不是僅僅為了「談判」這件事而已。也就是說，**不能執著於談**

判的勝敗，然後忘記自己原本的目標。不能為了談判而談判。這仍然與刻板印象有關，而這種刻板印象就好像人們如果要進行銷售或販賣東西的話，就必須自己去找顧客。但是，這個世界上沒有「一定只能這麼做」的事。如果想要談判成功，思想上就必須做些改變。真正的高手，會去研究如何才能讓顧客自己主動上門的方法。

> ## 談判＝為了達成目標的策略性溝通

職場強人的談判技術 - 整理 1

打破談判的刻板印象

1. 對談判感到棘手的最大原因,是由於錯誤的傳統觀念和刻板印象。不論你是以為解決辦法只有一個,還是把談判當成需要一決勝負的拔河比賽,又或是你認為談判必須要說服對方等,這些想法就是使談判變得困難的元凶。

2. 所謂好的談判方案,是讓「對方」、而非自己說 yes。重要的是對方的想法,而不是自己的。為了得到想要的東西,不可缺少換位思考的訓練。

3. 談判是為了達成特定目的或目標的手段。千萬不能執著於談判的勝敗,而忘了原本的目標。此外,若把目標訂得太高,我們很難期待談判會有好的結果。談判的基礎是從訂定正確的目標開始。

EXERCISE

關於「談判」，你會聯想到什麼？請將想到的單字填入下方空格中。

談判
NEGOTIATION

困難	雙贏談判	勞資協商
溝通	談判 NEGOTIATION	說服
年薪談判	妥協	衝突

▷ 你還有其他選擇

　交涉、協商、達成共識、調解、信賴、僵局、FTA 談判、朝美協商、企業 M&A 談判等，可以聯想到各式各樣的單字。

談判筆記

SUCCESSFUL NEGOTIATION

Lesson 2

不要說服，
要談判

20 世紀最經典的談判典範
談判和說服的重大差異
說服，代表結論早已決定好

Lesson 2
不要說服，要談判

「該怎麼做，才能說服對方呢？」

這是一般我們在準備談判時，腦海中最先浮現的想法。因為我們想要說服對方，然後徹底實現自己的期望。但是為了談判成功，我們必須先瞭解一個事實：那就是這樣的想法，正是搞砸談判的根本原因。在談判中，如果希望達成自己的目標，僅靠說服對方是無法成為有效的手段。**「想要說服對方」的心態，不過是為了滿足自己的欲望而已，這麼做反而會對談判造成阻礙。**只要轉換立場思考，你就能明白了。你曾經接受過某個人的說服嗎？僅僅是看到「說服」與「接受」這兩個詞連在一起，就證明了「說服」並不是一件百分之百讓人愉快的事。也因此，我們常常在無意識之中，對別人的說服採取著防禦姿態，這也說明了為何在談判中，只想說服對方是行不通的。

20 世紀最經典的談判典範

1912年，美國正值總統選舉。西奧多·羅斯福（Theodore Roosevelt）的競選團隊正在進行地方造勢。一名競選團隊的成員，發現了宣傳手冊上有一個嚴重的問題：為了宣傳候選人而製作的300萬份冊子，封面上有羅斯福的照片，但在照片下方卻印有「Copyright Moffett Studios, Chicago」的字樣。

如果被人提出違反著作權的問題，這將會立刻對選舉造成致命的打擊。再加上當時的法律規定，一張照片必須賠償1美元的版權費，萬一官司成立的話，賠償金額約等於現今的數千萬元。假設你是競選團隊的負責人，將如何解決這個問題呢？

當時競選團隊的負責人是喬治·帕金森（George Walbridge

Perkins），他陷入深深的苦惱之中。最簡單的方法，就是乾脆不要使用宣傳手冊，而直接進行造勢活動。但是這麼做的話，無異是直接放棄當選總統的機會。以現在的角度來看，就如同不使用網路社群來進行宣傳一樣。當時，宣傳候選人的方式除了進行地方造勢之外，發行宣傳手冊是唯一辦法。

於是，喬治・帕金森開始調查這張照片的著作權人是個什麼樣的人。經調查後發現，對方是個從年輕時就不斷努力、以成為一名揚名世界的攝影師為目標的人。喬治・帕金森注意到了這點，在經過謹慎思考之後，他決定寫一封信給這位著作權人。信件內容如下：

▷ 喬治・帕金森寫給著作權人的信

"We are planning to distribute millions of pamphlets with Roosevelt's picture on the cover. It will be great publicity for the studio whose photograph we use. How much will you pay us to use yours? Respond immediately."

我們預計將在數百萬本的選舉宣傳冊封面，印上羅斯福候選人的照片。如果貴公司的照片被刊登在上面，這將是一個絕佳的宣傳機會。不曉得貴公司願意支付我們多少錢，以刊登你們所拍攝的照片？請在確認之後盡快回覆我們。

幾天之後，喬治‧帕金森就收到了來自著作權人的回信。內容如下：

▷ 著作權人的回覆

"We've never done this before, but under the circumstances we'd be pleased to offer you $250."

「雖然我們從未接受過這樣的提議，但是我們願意支付 250 美元。」

許多學者將這個案例，評選為二十世紀最棒的談判！這個談判幾乎花不到什麼錢，就解決了數千萬元的版權費問題。而談判成功的祕訣，就在於事前調查對方的情報，並且掌握對方真正想要的是什麼。

但是問題來了：為什麼人們在眾多的案例之中，偏偏將羅斯福的案子選為二十世紀最棒的談判呢？

難道是因為這是有關總統大選的重要問題嗎？還是因為這個談判關係到數千萬元的天價？當然都不是。並不是因為這個案件茲事體大，才將它選為最棒的談判。雖然喬治‧帕金森的信中使用了各種策略，但我打算從談判的核心概念來談這個問題。也就是：談判並不等於說服。

喬治・帕金森在這個案例中有說服著作權人嗎？不，他並沒有這麼做。從同意使用著作權到付錢給競選團隊，全部都是著作權人自己的選擇。就是這裡蘊含了談判的核心概念：**談判並非說服對方，而是事前做好準備，讓對方自己做選擇。**羅斯福的案例，正好說明了這個概念。而這也是為什麼它足以被譽為二十世紀最棒的談判。

羅斯福競選團隊進行談判的流程	
發生談判狀況	300 萬份宣傳冊上的照片侵犯著作權
調查背景情報	每張照片需要支付 1 美元的版權費
分析對方	對方為了成為知名攝影師，正在努力中
制定策略	「你為了刊登照片，願意出多少？」
解決問題	解決著作權問題＋讓對方成為加入自己陣營的人

> **試圖想說服對方，
> 就是搞砸談判的根本原因。**

談判和說服的重大差異

那麼，談判和說服的差異是什麼？

若只能用單單一句話來區分談判和說服的概念，比想像中還不容易。因為我們一般在使用這兩個詞的時候，往往會將其中的意義混淆。許多與溝通相關的著作中，會把談判定義為：「說服對方的過程。」但是我們的研究小組發現，使用說服的方式並無法使談判成功，經過長達三年的研究，我們終於可以很明確地區分兩者之間的差異。

首先，讓我們來仔細看看談判與說服在字典上的定義。

談判	說服
為了做出與某個目標相符的決定，眾人互相商討。	為了讓對方依循我方的意見，從各個層面以言詞遊說並使對方接受。

由此可知，「談判」在字典上的意義非常模糊。這也是為什麼談判並不簡單。為了幫助各位理解，具體的說明如下所示。

> 談判
　利害關係不同的兩個（或以上）當事者，進行協商的過程。

談判換句話說就是：「進行協商」。這裡提到的「利害關係」是指「關係中存有利益和損失」。如果用另外一個詞來代替談判的話，那就是「協商」。所謂的協商是指：「彼此的意見達成一致。」但是，說服又是如何？說服是指：「使對方與我方的主張或要求達成一致。」與對方進行協商並不是說服的目標，兩者是完全不同的概念。

"
說服＝只對我有利
談判＝進行協商
"

說服，代表結論早已決定好

　　如果現在是你要去說服別人，結果將對哪一方更有利呢？沒錯，當然是對你們更有利。更嚴謹一點的說法是：「只對你們有利。」或許你可能會反過來問：「對方在某種程度上，不也是有利的嗎？」但事實並非如此。就算你的理由再怎麼冠冕堂皇，那也只是站在自己的立場來看而已。這是因為想要說服別人的心態是出自於你的欲望。在這種情況下，難道還能有和對方進行協商的空間嗎？因此為了談判成功，單方面想要說服別人是不行的。更具體的依據如下。

> ## 理解說服和談判之間的差異
> ## 才是談判真正的開始

　　第一，說服是期待出現100比0的結果。想要說服對方的這個心態，其中隱藏著一種意圖：你非但不會讓出自己的東西，反而想要從對方身上得到更多。正因為如此，你只會專注在自己的要求、聚焦在自己的說詞、汲汲營營於自己的主張，並且用其他的說詞來打斷對方想要說的話。

各位會想要和這樣的人進行談判嗎？這就是為什麼談判無法成功的原因。

第二，說服的前提是建立在資訊不對等（註Information Asymmetry*）之上。資訊不對等是指：當事者們各自擁有的資訊，在質與量的方面存在著不小差異的現象。如果對方在資訊方面有錯誤認知，或是你擁有對方不知道的資訊可以告訴他，此時，說服就可以成功。舉例來說，對方在產品的功能和特徵上有錯誤認知，或是他不清楚市場現況時，我們便可以提供正確的資訊給他，然後一步一步地說服對方。這麼做往往非常有效。

然而，問題並不完全在於資訊不對等，而是當你想要說服對方的時候，彼此之間存在著立場上的差異，雙方的意見也會不同。假如你誤會自己比對方優秀，而導致自信過度膨脹；但是，對方並非一無所知。請不要忘記這一點：對方並不是會被冠冕堂皇說詞給糊弄的傻瓜。最重要的是，「假聰明」的人，才會在談判中去利用對方的「無知」。而且這麼做，很有可能會因小失大。因為人們如果知道自己被騙，下次就會想要以兩倍追討回來，這就是人的心態。所以，最好放棄在談判中用對方不知道的資訊來贏過他的想法。

註：*在市場上進行的交易中，當事者們所擁有的資訊存在著差異的現象。

第三，**說服代表結論早就已經決定好了。打算說服別人的那一方會堅守自己的立場。**這是因為要是自己改變想法的話，就會從說服的一方，變成被說服的那一方。

在韓國曾經一度流行過這個單字：「答決者（답정너）」。意思是說：「答案早就決定好了，你只需要負責回答就行。」這是用來諷刺有些人為了聽到自己想要的回答，先自行決定好答案再去向別人問問題。網路百科上是這麼說明的：「這些人為了要測試別人，或是想要自誇、炫耀自己的時候，會先決定好答案再去問別人問題，不惜造成關係人的痛苦。」

由此可知，預先設好結論再進行談判，是非常不尊重對方的行為。而企圖說服別人的人，就跟「答決者」沒什麼兩樣，只讓對方痛苦而已。因此，如果你打算進行談判來達成某個案件的協商，僅想說服對方是絕對行不通的。

項目	說服	談判
期待勝負	100：0	51：49
資訊環境	不對等	無限共享
結論狀態	確定	尚未確定
出發策略	我的理論	分析對方的需求
溝通方式	單向溝通	雙向溝通

Column
職場強人的談判技術 – 整理 2

不要說服,要談判

1. 說服是指:「為了讓對方依循我方的意見,從各個層面以言詞遊說,進而使對方接受。」在說服的基礎,包含了自己的欲望。說服是只對自己有利的事情。一旦試圖想要說服對方,就是搞砸談判的根本原因。

2. 談判是指:「利害關係不同的兩個(或以上)的當事者,進行協商的過程。」談判並不等同於說服。談判如果用另外一個單字來代替的話,那就是「協商」。只對某一方有利的協商,都是無法成立的。

3. 說服的心態是出自於期待 100:0 的結果。在自己比對方擁有更多的情報時,說服才可能成立。如果你打算說服對方,那就代表在你的心裡早就已經有了結論。假設你想要和對方達成協商,單單說服是行不通的。

EXERCISE

你認為談判的定義是什麼？請將答案和理由填入下方。

> **範例**
> 談判是：策劃對方的選擇權
> 這是因為：人類的本質是追求自由，在決定任何事情時，只有自己做出選擇，才能使滿足感極大化。

談判是：＿＿＿＿＿＿＿＿＿＿＿＿＿＿＿＿＿＿

＿＿＿＿＿＿＿＿＿＿＿＿＿＿＿＿＿＿＿＿＿＿＿

＿＿＿＿＿＿＿＿＿＿＿＿＿＿＿＿＿＿＿＿＿＿＿

這是因為：＿＿＿＿＿＿＿＿＿＿＿＿＿＿＿＿＿

＿＿＿＿＿＿＿＿＿＿＿＿＿＿＿＿＿＿＿＿＿＿＿

＿＿＿＿＿＿＿＿＿＿＿＿＿＿＿＿＿＿＿＿＿＿＿

➢ 你還有其他選擇

　　談判是：得到自己想要的東西，讓對方成為自己人的過程。

　　這是因為：談判中若只有自己的目標達成，那就只是個半吊子談判而已。成功的談判，要能兼顧自己的目標和彼此之間的人際關係，魚與熊掌兼得才是成功的談判。此外，在交易現場中，很少有只和對方見一次面就能解決問題的談判。這也是為什麼在面對談判時，我們必須將眼光放遠。

談判筆記

SUCCESSFUL
NEGOTIATION

Lesson 3

策劃對方的選擇權

Lesson 3
策劃對方的選擇權

　　為了理解說服和談判之間的差異，本章開始正式進入談判這個主題。首先，如果不去說服別人的話，我們該如何才能得到自己想要的東西？要怎麼做才能打動對方，使我方的談判目標順利達成？

　　還是老話一句：想要做好某件事情時，首先要從瞭解那件事的定義開始，談判也是如此。如果將談判定義為以下內容，我們就能找到上述問題的答案。

> ## 談判＝為了讓對方能夠自行選擇，
> ## 而進行策劃

談判主要的內容，並不是雙方見面後互相交換意見而已。人們常說的談判桌，在整個談判過程還占不到20%。談判有80%是事前準備，包括：情報調查、訂定目標、分析議題等，這些準備方案的過程，占據了談判絕大部分。在談判過程中，為了讓對方有自行選擇的機會，必須事先準備好方案，且要有完整的談判計畫。唯有這麼做，談判才能順利進行。

　　那麼，就讓我們仔細地來看一下具體的方法和理論背景。

▷ 談判流程

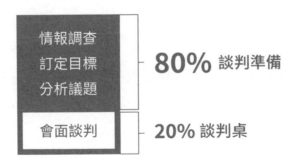

選擇權（Right of Choice）

假設，現在有一對兄弟正為了分蛋糕爭吵，兩個人都說自己想要吃更大的那一塊。無論母親怎麼公平的分配，貪心的弟弟總是耍賴說哥哥的蛋糕看起來更大。哥哥也不退讓，反而推了弟弟一把。在這個情況下，如果你是這對兄弟的父母，你會如何調解兩人的紛爭呢？

這是個在家庭中經常發生的問題，光是想像，就令人感到頭痛欲裂。有的母親會乾脆直接地說：「再吵兩個人都別吃了！」藉此結束這場鬧劇。但是，這個方法並不能化解兄弟之間的爭吵，對孩子的教育也很有可能造成反效果。別說是解決問題，這麼做反而會讓問題變得更嚴重。就算拿尺來量，試圖說服孩子兩塊蛋糕一樣大，孩子也不見得聽得進去。如果你打算再去買一個一模一樣的蛋糕，這也是挺累人的，因為接下來每次發生類似狀況時，你都得這麼做才行。

談判之中，包含了「調解」*的概念。也就是使雙方在沒有任何不滿的情況下，達成協商。在這個過程中，要讓哥哥和弟弟都沒有任何不滿，才稱得上是成功的談判。只說服其中一方是不行的，而解決這個問題的關鍵就在於「選擇權」。給哥哥一把刀，讓他準確地把蛋糕對半切，接著，讓弟弟從兩塊蛋糕之中擇一就行了。對哥哥來說，因為蛋糕是他切的，不論最後得到哪一塊都不該有怨言；另一方面，親自選蛋糕的弟弟就更加不會不滿了。就算把兄弟的角色互換，結果仍是一樣。

---

*調解：發生紛爭的當事人根據雙方的協商，將紛爭的相關內容交給法院以外的第三者（調解委員或調解機關）來判斷，雙方必須服從判決，藉此來解決紛爭。

人們對於自己做出的選擇，很少會產生不滿情緒。即使有所不滿，自己多少也知道要負點責任，因此，我們很少會將不滿表現出來。假設有員工每次都對聚餐地點感到不滿意的話，將選擇權交給他就行了。先選出兩、三個地點作為聚餐場所的選項，接著說：「這次的聚餐，就交由吳經理來決定吧！」如此一來，就可以輕鬆化解吳經理的不滿了。談判要做的，就是為對方指引一條路，讓對方能夠自己選擇及決定想要的東西。因此，在你提供的選項當中，你必須要能夠預測到對方會選中哪一個。

> ## 自由，是人類自古以來的本性。

對比效應（Contrast Effect）

假設，現在路上掉了一張500元鈔票和1,000元紙鈔。你會把哪一張撿走呢？當然是1,000元。但再仔細想想，好像有什麼奇怪的地方？難道500元鈔票就那樣放著它不管嗎？當然不是，應該兩張都要撿起來。那麼，為什麼會產生這樣的現象？

如果今天有幾個方案擺在面前供我們選擇，我們通常會傾向於只從其中選出一個最好的，即使有其他更好的作法，我們仍會被困在選項之中。人們之所以會有如此反應，正是因為「對比效應」（Contrast Effect）。

所謂的對比效應是指：當性質不同的各種東西排成一列時，某個東西會顯得更大、更小、或者更突出。

人類在面對某些人、事、物時，若有了可以比較的對象時，更容易做出決斷，這是因為我們認為自己判斷事物的依據非常明確。因此，如何製作出選項以供對方選擇就顯得非常重要。在提出選項的同時，必須一併提供對方可以自行比較的對象，這就是談判的技術。

> **如果有比較的對象，
> 人們會更容易做出決斷。**

企劃書被客戶採用的祕訣

假設你正在準備一份行銷企劃書，經過市場調查及開會討論

想法之後，你制定出一份想法新穎的企劃案。目前你已經完成了企劃書，正在等待客戶做選擇。在這個情況下，要怎麼做才能讓你的企劃書順利被採用呢？

　　制定企劃書的方式，大致可分為兩種：其一是，盡可能地在你製作的企劃書中，展現方案的可行性；其二是，一次提供幾個方案，並且製作一個對照表供客戶參考。舉例來說，假設現在需要的是一份產品行銷企劃書，而你手邊有一份企劃書寫著：使用Youtube頻道是最有效果的方案；而另一份企劃書，則比較了Youtube、Blog、入口網站廣告等預算和優缺點。如果你是客戶的話，會被哪一份企劃書給吸引呢？

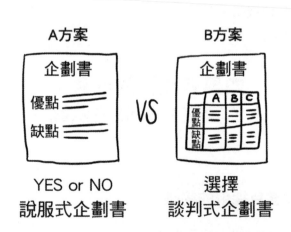

後者當然是較好的企劃書。這是因為前者採取了說服的方法，而後者則是採取談判的方法。前者已經把所有事項都決定好，也就是一份要求客戶採用Youtube頻道的企劃書；後者則提供了選項，讓客戶可以親自比較之後再做選擇。因此，若想要讓對方選擇你的企劃書，一次提供多個方案並製作表格比較選項的優缺點是有效的做法。當然，企劃書的背景、目標、預期效果、預算等也必須具備合理性和可行性。

菜單定價的祕密是「排列順序」

再假設你是一位廚師，目前正經營一家餐廳，現在想要主打一個售價700元的套餐。為此，你把餐點的照片印在精美的傳單上，同時也積極地向客人推薦。因為這是你最有自信的拿手菜。不過事與願違，客人們更喜歡500元的套餐。該怎麼做，才能向顧客推薦700元的套餐呢？

問題並非出在你的料理或套餐的內容，關鍵其實在於菜單。顧客看著菜單點餐的時候，同樣也會產生對比效應。p.62有兩家餐廳的菜單，請問你在哪家餐廳時，有更高的機率選擇700元套餐？

A 餐廳	B 餐廳
A 套餐 300 元	A 套餐 300 元
B 套餐 500 元	B 套餐 700 元
C 套餐 700 元	C 套餐 1,200 元

　　答案是B餐廳。這仍是因為對比效應的關係。假設客人是和戀人一起去B餐廳的話，很難在三個套餐之中選擇A套餐。

　　因為客人會擔心被戀人誤會自己選了最便宜的餐點；另一方面，選擇C套餐的話又會對自己造成負擔。而且，如果想吃這個價位的餐點，還不如去更高級的餐廳。於是，B套餐自然而然就成為最佳選擇。當然，這個選擇也是由顧客自己決定的。

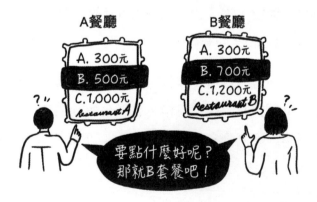

其實B餐廳的廚師，並沒有特別想向顧客推薦700元的套餐。他只是盡職地策劃自己提供的選項，再讓顧客們自由地依照自己的意願行動。事實上，我經常去的壽司店提供了1,000元、1,500元、2,000元三種價格的套餐，不過來這裡吃飯的客人，有九成機率會選擇1,500元的餐點，這和上述情況是相同的道理。

> **提供選擇機會，**
> **讓對方可以自行比較後，再決定。**

王牌房仲經紀人的談判方法

假設你現在打算買一棟別墅，預算大概落在一千五百萬元，而且你想要找的是漂亮一點的房子。在這種情況下，業務能力強的房仲經紀人會帶來驚人的結果。他告訴你，現在有一棟二千萬元的房子要賣。但你心想，自己只有一千五百萬元的預算而已，怎麼可能買得起二千萬的房子？不過，接下來的發展會讓你自然而然變得心甘情願地買下這棟房子。

房仲經紀人首先向你展示了一千萬元的房子。此時，你當然

不滿意了，心中還隱隱約約感到些許不耐煩：「搞什麼，怎麼給我看這種房子？難道沒有更好的嗎？告訴你，我可是有一千五百萬元的預算呢。」接著，房仲經紀人介紹了二千萬元的房子，這次你滿意了，但是你沒有能力買這棟房子，因為它超出預算太多。最後，他介紹了一千五百萬元的房子給你。從這些過程中，我們就可以看出房仲經紀人的策略。

此刻，換你開始苦惱了。不久前看到的二千萬元房子不斷在腦中徘徊。你對它的庭院、客廳、廚房、衛浴的裝潢，都感到印象深刻。不過，若是你試著用一千五百萬元的房子當成比較的基準，它比一千萬元的房子好太多了；和二千萬元的房子相比，雖然稍稍遜色，但是考慮到價格的話，一千五百萬元的房子也足夠漂亮。你會做出怎樣的選擇，會想再多投入五百萬元來買房子嗎？

> ## 談判的流程，需要經過精心策劃。
>
> 99

談判不是詐騙

「這難道不算詐騙？」

有時我會被問到這樣的問題。就好像是在暗示並誘導對方做選擇，是不懷好意的事情。但是，有個地方需要再重新思考看看：如果房仲經紀人原本打算把一千五百萬的房子，用二千萬的價格賣掉的話，這的確就不是談判，而是詐騙。不過，現在的情況是房仲經紀人手上並沒有一千五百萬元的房子可賣。這也不是什麼罕見的情況，當無法滿足對方要求的時候，我們往往就會需要進行談判。

「現在沒有一千五百萬元的房子要賣，但是有二千萬元的，只要再多付五百萬元就可以買到更漂亮的房子了。」如果房仲經紀人跟身為顧客的你這麼說，你會有什麼反應？

使用說服的方式，不但沒有辦法達成你的目標，更無法滿足對方。這可能是最差的談判了。與上述不同，提供選項讓對

方可以自行比較及考慮，像這樣策劃談判的流程並不是詐騙，而是非常優秀的談判。雙方都可以達成自己的目標，最重要的是，彼此都可以得到滿意的結果。

前面提到企劃書被採用的祕訣、還有餐廳菜單設定的祕密、最後是業務能力強的房仲經紀人的祕訣，以上的談判案例全都運用了「對比效應」。我們的團隊經過理解和研究心態之後，發現人們在做任何決定時，都傾向於自己做比較之後再選擇。

依循這樣的脈絡，對比效應也可以運用於各個領域中。這種談判會產生效果，和我們的大腦有深深的關聯。在腦科學中，我們將此稱為「認知吝嗇鬼」。

▷ 認知吝嗇鬼（Cognitive Miser）

1984 年，美國普林斯頓大學的蘇珊‧菲斯克（Susan Fiske）教授和加州大學洛杉磯分校（UCLA）的雪萊‧泰勒（Shelley Taylor）教授，共同發表了一個理論：人們會盡可能地用最簡單的方式，讓頭腦使用最少的能量來解決問題。認知吝嗇鬼是用來比喻現代人不願深入思考，就跟小氣鬼省錢的行為一樣，人也會節省「思考」。

雖然，為了做出精準的判斷，我們必須經過資料的搜尋、收集、推論，最後才能做決定，但大多數的人們，不願意耗費過多的能量或資源在思考及判斷這件事情上。也就是說，人會因為覺得這些過程太過繁瑣，於是更傾向於用比較簡單的方式來輕鬆地做出決定。

因此，認知吝嗇鬼常被用來解釋人們做出的非理性決定。尤其「刻板印象」和「偏見」，正是認知吝嗇鬼最具代表性的例子。

"

談判＝為對方指引一條路
讓對方能夠自己進行比較後
再做出決定

"

職場強人的談判技術 - 整理 3

策劃對方的選擇權

1. 人類的本性是追求自由。如果能夠自己選擇並做決定，便可以使滿足感獲得提升。因此，我們將談判定義為：「為了讓對方能夠自行選擇而進行策劃」。談判是為對方指引一條路，讓對方能自己做決定。

2. 當我們必須從幾個提案中做選擇時，一般會傾向只從其中選出一個最好的。即使有其他更好的決定，我們仍會被困在選項中。人們會如此行動，正是因為對比效應（Contrast Effect）的關係。

3. 當有比較對象時，人們更容易做出判斷。這是因為我們認為自己判斷事物的依據非常明確。因此，在提出選項的同時，必須一同給予對方可以讓他們自行比較的對象，這就是談判的技巧。

EXERCISE

下方的項目中，你認為哪一個比較重要？請依照先後順序填入空格中。

談判技術	傾聽能力	人際關係	細心的個性
情報收集	合作能力	領導能力	勝負欲
背景知識	情緒控制	同理心	談判理論

NO.1	NO.2
NO.3	NO.4
NO.5	NO.6
NO.7	NO.8
NO.9	NO.10
NO.11	NO.12

NO.1 談判理論	NO.2 談判技術
NO.3 情報收集	NO.4 背景知識
NO.5 傾聽能力	NO.6 同理心
NO.7 情緒控制	NO.8 領導能力
NO.9 合作能力	NO.10 細心的個性
NO.11 人際關係	NO.12 勝負欲

▷ 順序的依據

　　「談判」屬於技術或訓練的領域。談判能力並非天生的才能，只要透過努力學習，無論是誰都可以提高談判能力。因此，要優先理解和談判相關的理論，對於不熟悉的事物我們是沒有辦法做好的。接著，必須練習使用溝通技巧來實踐談判理論，因為「知道」和「做到」並不屬於同一個領域，反覆訓練也是必要的，最後才是先天的個性。

談判筆記

SUCCESSFUL NEGOTIATION

Lesson 4

想像對方是以 51：49 贏的

Lesson 4
想像對方是以 51：49 贏的

什麼樣的談判才是成功的談判？

這個問題與談判的最終目標有關。首先，要搞清楚自己想透過談判得到什麼，這樣才能讓談判成功。以上是理所當然的事情，卻有許多人做不到。因為成功的談判沒有一定標準，所以很多人並不會特別去考慮利害得失，反而汲汲營營於談判的勝負。人們會按照自己的利益行動，同時誘導對方和自己進行雙贏談判。不過以上都與成功的談判有些距離。

過去我在課堂上問大家什麼是成功的談判時，多數的人都回答我：「雙贏談判」。不過也有人說：「理論和現實是不同的」、「贏過對方的談判才是成功的談判」。但是以上兩者都不足以用來說明成功的談判是什麼。

「雙贏談判」不知道為什麼聽起來總有些過於理想化；然而，按照過去的經驗，「在談判中贏過對方」往往會造成不好的效果。

從結果來看，「雙贏談判」的確是成功的談判，對此，我很難提出異議反駁。問題在於，現實中「雙贏談判」很難達成。舉個例子：假設A希望達成「雙贏談判」，B也想達成「雙贏談判」。那麼，如果A和B一起談判的話，就能保證一定會有雙贏的結果嗎？不，我們很難百分之百的確定。因為我們知道「雙贏談判」不是光靠理智就可以達成的。

那麼，到底為什麼不能進行「雙贏談判」？

囚徒困境（Prisoner's Dilemma）

經濟學中有個名詞叫做「賽局理論」*（Theory of Games）。此理論是研究人們做決策時，考慮到競爭對手的反應，會選擇做出與自己在當時情況最合適的行為。

簡單來說，這個理論說明了競爭者之間會如何相互影響，也就是在談判中可能會發生什麼現象，還有談判當事者做決

註*：賽局理論是由馮‧諾伊曼（John von Neumann）和奧斯卡‧摩根斯特恩（Oskar Morgenstern）在1944年共同撰寫的《賽局理論與經濟行為（Theory of Games and Economic Behavior）》中，正式發表的理論。

策的心態是什麼。其中，最具有代表性的就是「囚徒困境」*（Prisoner's Dilemma），而且我們還能藉此窺見「雙贏談判」失敗的原因。

假設，現在警察逮捕了兩名犯罪組織的成員。但是要起訴這兩個人，證據仍有所不足。於是警察打算讓他們自首，以此作為犯罪的證據。這兩名罪犯獨自被關在不同的單人房，並且兩個人接下來都會接到一樣的提議，提議內容如下。

如果犯人願意自首的話，就會被釋放；如果選擇保持緘默的話，犯人就會被判刑。更進一步說明：在這個情況下，如果A選擇自首的話，A就會被釋放而B要坐牢三年。反過來，B如果選擇自首，結果也是一樣的：B會被釋放而A要坐牢三年。但

註＊：西元1992年普林斯頓大學的數學家艾伯特‧塔克（Albert W. Tucker）有一次在賽局理論的演講中，講述了兩名罪犯因為認罪的問題而進行談判，從此以後，人們就將這個情況稱為「囚徒困境」。

如果A、B兩人同時選擇自首的話，警方無法把兩人都釋放，情況就會變成兩人都要坐牢兩年。但如果兩個人都選擇保持緘默的話，就會因為證據不足而難以判重刑。最後兩人都只要坐牢六個月。假設你是A或B的話，會怎麼選擇？

共犯 B 　　共犯 A	緘默（合作）	自首（背叛）
緘默（合作）	坐牢六個月	共犯 A：坐牢三年 共犯 B：釋放
自首（背叛）	共犯 A：釋放 共犯 B：坐牢三年	兩年

就A的情況而言，要是B決定保持緘默的話，選擇自首才是對自己最好的策略。因為比起坐牢六個月，直接被釋放顯然是更高明的選擇。而且假設B也選擇自首的話，至少A不用坐牢三年，兩年之後他就可以出獄。所以，在這個情況下，自首才是最佳策略。因為不論對方選擇自首還是保持緘默，A都可以避免最壞的情況發生。

儘管A、B彼此都明白只要兩人都保持緘默，雙方就能夠得到最好的結果，但是A、B最終還是會選擇自首，這就是「囚徒困境」的重點。儘管A、B都知道選擇合作，不論是自己還是對方都能得到好的結果，但最終雙方很難同時保持緘默。那麼，為什麼會產生這樣的現象呢？

> ## 是競爭？還是合作？
> ## 這是個大問題！

關於雙贏談判（Win-Win Negotiation）

　　如果想要達成雙贏，你勢必得在談判中做出退讓。不過此處有一個前提：那就是對方也想與你達成雙贏談判。但是你很難保證對方的想法與你一致，這就使得雙方難以輕易地合作。儘管如此，如果為了達成雙贏談判，你先做出退讓呢？那麼，談判就一定會成功嗎？答案是不確定。而且，萬一你沒有決定事情的所有權力，雙贏這件事就更加不可能達成。身為公司員工的你，如果為了雙贏而在談判過程中不斷做出退讓，公司會因此稱讚你做得好嗎？

　　「囚徒困境」的理論，正好說明了為什麼「雙贏談判」很難成功。即使雙方都明白選擇合作才是最好的策略，但是如果有一方只想著自己的利益，那麼，這個「雙贏」就會失敗。雖然我們都理解「雙贏談判」能為彼此帶來利益，實際上卻很難選擇共同合作。在交易的環境中也是如此，在生活中更是如此。不過，這並不是必須解決的問題，而是一個需要被理解、然後接受的自然現象。

　　雙贏的成功來自於「信賴」二字。如果你相信對方會和你合作，「雙贏談判」其實不難。但是在交易環境中卻很難這麼做。在雙方都不太瞭解彼此的情況下，大家在談判時只會考慮

自己的利益和損失。所以，其實這個說法並不符合邏輯：「彼此之間一定要有信賴，談判才會成功；反之，沒有信賴的談判就會失敗」。

信賴並非談判的先決條件，而是談判成功的產物。談判是分析彼此的需求，同時累積信賴的過程。

因此我們可以說，所有的談判都是從競爭關係開始，而非雙贏。這是非常理所當然的事。談判必須從這點開始出發。但是在談判過程中，如果雙方都不願意合作，只執著於自己的利益，如此一來對雙方就會造成損失。不過，這也不代表你就只能選擇退讓，適當的牽制和合作是必要的，理解這點之後，再找到協調彼此的方法才是談判的技術。要瞭解，「雙贏談判」不是「非做不可的事」，而是雙方為了彼此利益而導致的結果。

❝

雙贏談判 = 為了彼此的利益需要互相引導

❞

最後通牒賽局（Ultimatum Game）

談判和心理學有著密不可分的關係。心理學可以解釋人們是依據什麼原則做出決策。而透過心理學，我們可以理解人在談判中是根據什麼做出判斷。而且心理學也能讓我們在談判過程中更加客觀地看待對手，並預測對方會做出何種選擇和判斷。

最後通牒賽局常被利用於各種談判教育，這個賽局理論是由德國的一位經濟學家維爾納·古斯（Werner Güth）設計的實驗。實驗內容非常簡單：將一筆固定金額的錢交給A， A有權決定分配多少錢給B，接下來換B選擇接受或是拒絕。更具體的內容如下所示。

這個賽局由A和B兩人一組一起瓜分十萬元。A、B兩人是互不認識的關係，而且往後永遠都沒有再見面的可能性。因此，A、B在賽局中不需要看彼此的面子或眼色，可以自由地做出任何決定。A可以提議要從十萬元分多少給B，然後B選擇接受或拒絕。

假設B選擇接受的話，兩人就可以按照A的提議各自帶走一筆錢；但是如果B拒絕A的話，所有錢就得歸還，不論是A還是B一毛錢都拿不到。這個賽局只進行一次。如果各位是A的話，你們會給B多少錢？

➢ 最後通牒賽局（Ultimatum Game）

現在免費給你十萬元。
然後你必須把其中一部分分給 B。

如果 B 選擇接受，
兩人就可以按照你的提議
各自帶走一筆錢。

但是如果 B 拒絕，
不論是 B 還是你
一毛錢都拿不到。

為了誰的雙贏 （Win-Win）

　　根據實驗結果顯示，有一些人會選擇六四分，但絕大部分的人都選擇對半分。我在課程中對大家實驗的結果也差不多，大部分的人都提議五五分、或六四分。這個做法算得上是「雙贏談判」。我試著問大家這麼做的理由是什麼，結果發現到一個很有趣的現象。有人說：「因為不能只想到自己的利益，也要考慮到對方。」也有人說：「如果B拒絕的話，會對我造成很大的損失。」究竟哪一方的說詞更合理呢？

就算我可以得到一點利益，但是這不公平，所以NO。

只要這個賽局更改一部分的條件，我們馬上可以知道答案。假設B沒有否決權的話，各位打算分多少錢給B？這就是所謂的「獨裁者賽局」（Dictator game）。

1986年，由心理學家丹尼爾・卡內曼（Daniel Kahneman）和同事一起提出的理論。透過這個理論我們可以瞭解：當人們握有絕對的權力時，會如何做決定。

當「最後通牒賽局」轉為「獨裁者賽局」，情況就大大不同。我們可以觀察到過去選擇六四分或五五分的人，在B的否決權消失之後，就改變了他們的心意。於是，我現在再問一次剛剛的問題。身為A的你在最終通牒賽局裡，選擇六四分或五五分的理由是為了照顧對方嗎？還是為了防止自己受到損失？沒錯，後者的說詞更加合理。如果是為了照顧B的話，無論B有沒有否決權，A的選擇應該要一樣。

藉此我們可以瞭解到一個事實，「雙贏談判」並不是為了對方著想，人們不會放著自己的利益不管，反過來為了對方的利益進行談判。儘管如此，在最後通牒賽局裡我們仍必須進行「雙贏談判」，這是因為不這麼做的話自己會遭受損失。如果

A的提議不是六四分或五五分，B就會拒絕，導致兩人都無法得到錢，從這個結果來看，A會因此受到損害，所以A才會在一開始對B釋出善意。

交易談判也是如此。我們很難期待在談判中某一方會為了另一方一直犧牲，而且這樣的關係無法長久。雖說在談判中一定有做出退讓的時候，但事實上這是為了交易成功，或者為了和對方維持長期的關係。不過，以上仍然還是人們考慮到自己的利益後所做出的判斷。因此，不論是期待和對方達成雙贏，或是指責對方不想和自己達成雙贏，兩者都是非常愚蠢的行為。「雙贏談判」不是為了別的，正是為了自己。

> 我們都是機器人的化身，
> 暗地裡已被輸入某些程式，
> 用來保養這些叫做「基因」的自私分子！
> 我們合作的理由，
> 當然是因為那樣對自己更有利。
> 自私的基因 = 合作的基因
>
> ——出自《自私的基因》作者：理查・道金斯

> **「雙贏談判」，最終只是為了自己的利益。**

權力平衡（Balance of Power）

最後通牒賽局和獨裁者賽局的差異在於權力平衡。最後通牒賽局有可以牽制對方的否決權；相反的，獨裁者賽局僅是單方面告知對方而已。前者可以與對方進行談判，但後者只能被動地等待。在最後通牒賽局中，我們可以影響對方提出的方案；另一方面，獨裁者賽局則只能靠對方釋出善意。藉由前面的說明，我們可以瞭解談判的本質是什麼模樣，談判只有在權力平衡的情況下才可能進行。

> ## 最後通牒賽局 vs. 獨裁者賽局

項目	最後通牒賽局	獨裁者賽局
關係結構	可能談判	單方面通知
權力平衡	存在	不存在
最終決定權	收到提議的人	提議的人
最低期望值	最少 30%	對方的善意

這裡所說的「平衡」，並非是指事物的大小要一樣，而是雙方都能夠對彼此的提議造成影響或是進行牽制。**只要兩人的勢力不是100：0，就可以試著和對方談判。**哪怕力量多麼微小的乙方，如果能和甲方一同坐上談判桌，乙方就不會永遠處在不利的情況。因為甲方也可能有不足的地方。

而且，就算是具有優勢的甲方，也不代表談判能力一定很強。當然不可避免的是，根據自身力量大小的不同，談判也會變得有利或不利。比起一定要成功簽訂合約的中小企業，採購能力高且擁有許多替代方案的大公司，在談判過程中當然更有利；擁有決定權的高階主管，當然比沒有決定權的員工更有利。不過正是因為如此，弱勢的乙方才更需要談判能力。在談判中，**重要的不是你擁有多少力量，而是就算你只有微弱的力量，也要能妥善地運用它。**同時，你還得繼續努力培養自己的力量。

66

談判的本質，
是將微小的力量運用至極大化。

99

人類本性無法接受不公平的談判

　　最後通牒賽局的重點在於公平性（Fairness）。假設在賽局中兩人要一起分十萬元，不過對方卻只給你二萬元，這時你會怎麼做？在這個實驗中，只有不到20%的人接受二萬元的提議，大多數的人會選擇拒絕。不過經濟學家對這一點抱持懷疑態度。依據古典經濟學，人們的行動是理性且合理的，所以沒有拒絕這二萬元的道理；但是結果卻不是這樣。由此我們可以得出結論：人們認為公平性和自身的利益一樣重要。

　　沒錯，我們都會拒絕不公平的提議，我們沒辦法接受對方自私的決定，也無法對此視若無睹。即使我們必須承擔損失，也要向對方採取抵禦的行動。更粗暴一點的說法是：「如果我不好，你也別想好。」而且公平性也提供了反抗的理由。這也是為什麼很多人就算耗費自己的時間和金錢，也要為了公平性走上街頭示威。

　　因此，只有將談判方案建立在公平之上，才能順利與對方進行談判。另一方面，公平性也是非常主觀的概念。所以，不該只從自己的視角看待事情，而是要試著從對方的立場出發。勞資雙方針對薪水進行談判時，當提出加薪要求時，可以使用業界的上漲幅度作為依據，或是以過去的收益率與上漲幅度變

➢ **感覺到公平的時候。**

➢ **感覺到不公平的時候。**

化進行對比，這樣才算得上是公平的提議。在商業交易中要求
提高單價時，可以同時提出物價上漲率，或是對比原物料價格

的上漲幅度，這麼做確實是比較有效的方法。因為這在對方眼中，你提出的方案是公平的。

> ## 「 這次的提議，是建立在公平之上嗎？ 」

談判的 51：49 法則

談判成功的必要條件，大致可分為兩個：其一，是自己的目標；其二，是對方的目標。只有滿足雙方的目標才有可能在談判過程中達成協商。如果你的目標沒有達成的話，談判會留下遺憾；如果對方的目標沒有達成的話，接下來彼此的關係可能會產生裂痕。就算假設對方是這輩子不會再見第二次面的人，你也不能因此而只在乎自己的目標。雖然當下可能不清楚這麼做的後果，但隨著時間過去，你會瞭解這並不是好的談判。為了談判成功，必須考慮對方滿不滿意、或者你和對方的長遠關係會不會因而產生裂痕。

或許有人會反過來問：這是在現實生活中很難發生的事吧！

事實並非如此，因為雙方在談判中想要實現的最終目標並不相同。

對銷售人員來說，最終目標不是以昂貴的價格將商品售出，而是獲得忠實客戶。對顧客或者採購的企業來說，最終目標不只是以低廉的價格買到商品而已，更重要的目標，是用合理的價格購買到高品質的產品，或者原料和產品能夠獲得穩定供應，還有確保客戶在問題發生時，能夠互相照應、一起順利解決問題。談判的51：49法則是指，雙方分析彼此的目標和需求，進而達成最圓滿的談判。

我們來做個總結。勝負結果傾向於某一方的談判是不可取的。雖然這不是想做就能做到的事，但你這麼做的話會後患無窮。好的談判最終結果應該是50：50，不論是誰來看都會這麼覺得。另外，就算你在談判中的目標已經達成，不過，談判的優越感和滿足感還是送給對方比較好。總而言之，成功的談判可以定義為：「51：49法則」。

> ❝
> ### 最棒的談判 =
> ### 創造出讓對方以為自己是以 51：49 勝利
> ❞

Column
職場強人的談判技術 - 整理 4

讓對方以為自己是以 51：49 贏得勝利

1. 所有的談判都是從競爭開始，談判的目的並不是為了雙贏。不過，如果在談判過程中，雙方只專注在各自的利益而不願合作，最終對雙方都會造成損失。「雙贏談判」不是非做不可的事，「雙贏談判」是彼此為了自身利益而導致的結果。

2. 「雙贏談判」不是為了別的，正是為了自己，沒有任何人會為了對方的利益而進行談判。不論是期待和對方達成雙贏，或是指責對方不想和自己達成雙贏，兩者都是非常愚蠢的行為。在牽制對方的同時，也必須與對方合作。

3. 勝負結果倒向某一方的談判是个可取的。雙方談判的過程，其中一方為了另一方一直犧牲，這樣的交易關係無法長久維持。最棒的談判技術，是讓對方認為自己是以 51：49 贏得勝利。

EXERCISE

　　弱者比起強者更需要談判的力量。以《龜兔賽跑》的故事為例。假設各位是烏龜的話,你們會如何制定比賽策略呢?

很久很久以前,烏龜和兔子為了誰跑得比較快而爭吵。
兩人決定用賽跑來一決勝負。

比賽策略:＿＿＿＿＿＿＿＿＿＿＿＿＿＿＿＿＿
＿＿＿＿＿＿＿＿＿＿＿＿＿＿＿＿＿＿＿＿＿＿＿
＿＿＿＿＿＿＿＿＿＿＿＿＿＿＿＿＿＿＿＿＿＿＿
＿＿＿＿＿＿＿＿＿＿＿＿＿＿＿＿＿＿＿＿＿＿＿
＿＿＿＿＿＿＿＿＿＿＿＿＿＿＿＿＿＿＿＿＿＿＿

▷ 你還有其他選擇

第一，直接拒絕這次的賽跑。目前來看，兩人實力差距太大，這是一場想都不用想就知道一定會輸的比賽。談判專家不能輕率地接受挑戰。不過，假如今天賽跑一定要舉行呢？

第二，反過來提議改變賽跑的方式。現在比賽的跑道，對兔子來說有絕對的優勢。為了展現「公平性」，你可以提議將跑道改為一半是平地、一半是河。如果兔子拒絕你的提議也沒關係，因為這樣的狀況就變成是兔子拒絕了這場比賽。

但是，這場比賽最好的結果，是兩人都能得到最好的成績。不過一個人很難辦到這件事，所以雙方必須合作。平地的部分由兔子代替烏龜跑；河的部分則由烏龜代替兔子完成。

SUCCESSFUL NEGOTIATION

Lesson 5

談判前，先確保
「計畫 B」

確保談判對象有兩個以上
BATNA 的力量
銷售人員的 BATNA 應用法

Lesson 5
談判前，先確保「計畫 B」

假設你是公司的採購負責人，依照生產線的要求，你必須確保明年K-2021（必要零件）能獲得穩定供應。數量大約落在五萬個，簽訂採購合約的期限到下個月底。

以上是企業中相當常見的採購談判案例。供應商的信賴度、品質、交貨期限等，需要考慮的事項相當多，不過關鍵仍舊在於「價格」。採購負責人本次的課題是：「該怎麼做才能節省成本？」但是別忘記一點：這次談判最大的目標是零件的穩定供應。

在這種情況下，首先你需要做什麼？

確保談判對象有兩個以上

這並不是很難的問題。只要有負責過採購業務的人，就能輕鬆地回答。答案就是：請對方估價。沒有人會在一開始就到對方公司進行價格談判。一般來說，我們會從市場調查開始，先找到三、四個可以交貨的公司，再請他們估價。雖然聽起來非常理所當然，但是以上過程對於理解談判是相當重要的關鍵。談判正式開始之前，首先需要思考的，就是確保談判對象有兩個以上。

以上內容可以用一個談判術語說明：BATNA。這是由哈佛大學談判問題研究所的羅傑‧費雪（Roger Fisher）教授所提出，BATNA是Best Alternative To Negotiated Agreement的縮寫，意思是：「談判協議的最佳替代方案」。簡單來說，就是假設談判會破裂，為此我們必須提前做好準備。在這個情況下，事前確保有「計畫B」才能在談判破裂之後，有其他替代方案可以選擇，如此一來，也能讓談判變得更加有利。

讓我們把BATNA代入剛才的例子。假設，現在已經選定和A公司進行談判，但是雙方立場差異太大以致於無法達成共識。這時，如果事前有準備BATNA，也就是談判對象有兩個以上的話，我們就可以和A公司取消合作，轉為選擇B公司。

在這個情況下，B公司就是這次談判的BATNA。

不過，假設沒有事前準備BATNA就和A公司進行談判，那麼，情況就會變得相當不利。因為我們除了相信A公司，就別無他法了。萬一今天發生的問題不是價格，而是本來應該穩定供應的零件出了差錯，對此我們也只能默默接受。選擇較多的一方在談判中一定相對更有利，可以的話，盡可能確保自己的談判對象有兩個以上。

BATNA= 計畫 B 談判協議的最佳替代方案

BATNA 的力量

如果想要瞭解BATNA的效果，只要仔細觀察供應者的心態就行。經驗豐富的銷售人員在談判初期，可以透過採購者的語氣和態度等，來掌握對方目前的想法。並且以此作為依據，來決定自己在談判中的態度。看是要進行拉鋸式的競爭型談判，還是要用合作的方式來誘導對方。同時，**經驗豐富的銷售人員，也會在談判初期決定好自己的談判目標、提議的高度、還有談判的退讓範圍等。**

假設你沒有競爭對象，但時間非常緊迫，再加上這是一定要買的零件，在這種情況下，你也不用卑躬屈膝地和對方進行談判，依照經驗，卑微的方式不一定比較有利。反而常常會聽到抱怨的聲音，因為對方可能在談判過程中，以生產和交貨期限有困難、成本上漲等為理由，拒絕進行價格的調整，加深採購者的焦躁。

另一方面，有計畫的採購者不會急於進行談判，會先要求對方估價，這麼一來，立場就會變得和上面情況不同。再假設對方收到消息，你正考慮和其他的二、四家公司進行合作，此時，對方應該會主動調查競爭對象有誰，進而瞭解其他人的報價大約落在多少，接著再自行調整價格。站在採購者的立場，

如此一來就能不費吹灰之力地讓對方降價。以上就是BATNA的力量。此外，**BATNA最具有代表性的做法是競標，不論是政府還是企業，都是利用BATNA的概念進行採購談判。**

BATNA決定了誰在談判中占有優勢。實際上，決定甲乙關係的不是公司的規模或地位，而是BATNA。就算是中小企業，只要談判的對象（也就是BATNA）夠多的話，也可以成為主導的甲方。如果你在進行年薪談判之前，有其他公司挖角的話，那麼對公司來說，你就是甲方。不過，該怎麼做才能增加自己的BATNA？答案並不難，**只要具備讓別人垂涎的技術，或者獨樹一格的實力，BATNA就會自己找上你。**

"

甲乙關係是由 BATNA 決定。

"

銷售人員的 BATNA 應用法

另一方面，BATNA對銷售人員來說至關重要，客戶越多，對銷售人員越有利。不過，實際上銷售人員無法直接在談判中使用BATNA。假設銷售人員在與A客戶進行談判的時候和對方說：「就算不賣給你，我還有B客戶呢！」這麼一來就等於表態自己不想和A客戶簽約，也很可能會對自己造成負面影響。其實BATNA對銷售人員來說，還有另一層涵義：BATNA代表銷售人員的自信。

在某些情況下，銷售人員必須、而且只能和A客戶簽約。這是因為A客戶對公司或個人業績來說非常重要。但因為沒有BATNA，於是銷售人員很難期待和A客戶能有令人滿意的談判結果，銷售人員只能全盤接受對方提出的條件；相反的，如果不用為了達成個人業績而緊抓著A客戶不放，那麼，繼續開發其他銷售對象B或C等，情況就會變得不同。雖然銷售人員仍是乙方，但卻可以不必無條件地接受A客戶的所有要求。

　銷售成效的公式就是：「成果=銷售對象X機率」。因此，如果你想要提高成交結果，就得提高機率或增加銷售對象。在這兩者之中，提高機率的方式比較困難，而且也非常難預測。比較實質的解決方法，是增加銷售對象。開發越多的BATNA，成效也會跟著提升。像是：把企劃書寄給A客戶的同時，最好也寄給其他類似的B、C、D公司，如此一來，面對談判的心情會更加輕鬆，對談判的信心也會大幅增加。

"

對銷售人員來說，
BATNA 就是滿滿的自信來源。

"

職場強人的談判技術 - 整理 5

談判前,先確保「計畫 B」

1. 談判開始之前,首先需要檢查的是談判對象是否有兩個以上,以防這次談判萬一破裂時,自己還有後路可退。若能在談判前確保有「計畫 B」,談判的進行會更有利。

2. BATNA 的力量決定了誰在談判中占有優勢。實際上,決定甲乙關係的不是公司的規模或地位,而是 BATNA。即使是乙方,在談判中也不一定會輸給甲方。為了獲得更多的 BATNA,必須努力使自己具備讓別人垂涎的技術和實力。

3. 對銷售人員來說,BATNA 是自信的來源。某些不得已的情況下,為了達成個人業績必須緊抓著 A 客戶不放,因此很難期待會有讓人滿意的談判結果出現。不過,只要多方開發潛在的談判對象,自己在談判中的立場也會隨之改變,這就是 BATNA 的力量。

EXERCISE

以下是有關BATNA的內容，請將空格填入適合的答案。

BATNA 是指：「談判協議的最佳替代方案」，是將
「B_____ A_____To N_____A_____」每個單字
的第一個字母組合在一起。

在談判中，實際上決定甲乙關係的不是 _____ 或
_____，而是 _____。

要怎麼做才能獲得更多的BATNA？

▷ BATNA 的說明

1. BATNA 是指：「談判協議的最佳替代方案」，由 Best Alternative To Negotiated Agreement 每個單字的第一個字母組合而成。

2. 在談判過程中，實際決定甲乙關係的不是公司的規模或地位，而是 BATNA。

▷ 獲得更多的BATNA

具備讓別人垂涎的技術，或是獨樹一格的實力。

以餐廳為例，不論宣傳廣告再怎麼誘人、餐廳氛圍再怎麼優雅，只要料理不好吃，顧客就不會上門光顧。換句話說，只要餐點夠美味，客人們也會主動前來排隊。運動選手的年薪談判也是如此，首先，必須具備優秀的實力，BATNA 才會變多，也就是會有其他更好的球隊主動上門要求簽約。

SUCCESSFUL 💬
NEGOTIATION

Lesson 6

搶先取得
談判的基準點

先提議比較好？還是等待比較好？
提議價格的技術
錨定效應（Anchoring Effect）
Aim High 技巧
決定旅行地點的夫妻心理戰
ZOPA 的理解和應用

Lesson 6
搶先取得談判的基準點

　　當你確保BATNA有兩個以上之後，接著就得從中選定一個公司開始著手進行談判的準備。情報調查、目標設定、議題（Agenda）分析等，要做的事情非常多，不過，首先要從雙方最敏感的爭議焦點——價格條件開始談起。

　　假設現在採購者理想中的條件是比市場價格再低15%，而供應者能接受的價格折扣是10%。上述情況是負責提供商品和服務的專家們都會遇到的問題，舉例來說，二手車買賣、簽訂B2B採購合約等。在這個談判過程中遇到的第一個課題就是：要怎麼向對方提議，才能得到自己想要的折扣，甚至以更好的條件進行合作。

先提議比較好？還是等待比較好？

這是在價格談判中非常重要的問題。俗話說「好的開始是成功的一半」，在談判中如何邁出好的第一步非常重要。為了在協商過程能得到自己想要的條件，率先提議比較好？還是等待對方提議比較好呢？

採購者　　　供應者

提議價格的技術

根據過去我在課堂上詢問的結果，大部分的人都選擇後者，即認為等待更有利的人比較多。理由是想先看看對方的底牌是什麼，如果自己先提議的話，萬　剛好價格落在對方的接受範圍內，如此輕易地結束談判感覺太沒面子了。不過，上述回答

就是正確答案嗎？讓對方先提議真的對你比較有利嗎？

　　對此，人們有許多爭論，因為根據條件的不同，情況也會不同。更具體一點的說法是：**如果非常瞭解市場行情的話，就率先提議；反之，則等待對方提議，而且這麼做也能減少失誤。**不過，假設你是採購者的話就能夠要求對方先提議，但是站在銷售的立場來看，現實狀況中很難這麼做，有時也會發生不得不先提議的情況。

　　既然如此，談判高手都是怎麼做的？經過分析之後發現，他們都傾向於先提出自己想要的價格。很重要的一點是，先向對方提議並非完全沒有前提。在事前必須進行徹底的調查，做好萬全的準備，並且具備以下條件之後，才向對方提出自己想要的價格。

　　第一，明確的訂定目標價格。藉由市場調查設定合理的目標，接著才決定提議的範圍。如果無法進行事前調查，或是沒有訂定目標的話，就無法率先提議。此外，把目標訂得太高或太低，都很難得到想要的結果。並不是因為和對方的溝通產生問題，而是目標設定錯誤。在提議的技術中，最重要的是訂定正確的目標。

第二，提議價格的判斷依據越客觀越有效。如果你的提議被對方認為只是單純的貪婪，這將會對你造成麻煩，因為對方會認為沒有道理接受你的提議。不過，如果你提出的第一個價格是依據對方難以否認的客觀事實，那麼，這個提議就會變得非常強大。使對方認同你的辦法有：共享既有情報、適當的利用前例或BATNA的技巧。

第三，提議的第一個價格要比你原本的目標還高。這是被大家廣泛使用的一個技巧。但是多數人比起把它當成一種策略使用，更多是無意識地按照自己的經驗使用這個方法。有個需要注意的地方，為了談判成功你必須將此銘記在心：這麼做的目的並非是為了贏過對方，而是為了保留自己退讓的餘地。

錨定效應（Anchoring Effect）

讓我們將上述內容整理一下：首先透過市場調查設定明確的目標，接著找到提議價格的客觀依據，最後提出的價格要比原本的目標更高。以上就是搶先取得「談判的基準點」策略。這個策略的背景來自「行動經濟學」，人們會被這個策略影響是因為「錨定效應」（Anchoring Effect）的關係。

假設你現在要去百貨公司買一台冰箱，但關於冰箱的品牌、功能、價格等都沒有辦法進行事前調查。

為此，你打算直接去現場挑選喜歡的冰箱型號，你和另一半走進了家電賣場，首先映入眼簾的是兩台不同型號的冰箱。你對這兩個型號的品牌和設計都非常滿意，而且價格都一樣。兩台冰箱標示價格的方法如下，請問你對A型號還是B型號的冰箱更感興趣？

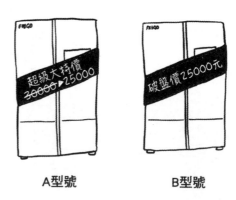

A型號　　　　　　B型號

答案是A型號。幾乎所有人比起B型號更喜歡A型號。如果是這樣的話，問題來了：為什麼會發生這種現象？此外，對於已經瞭解這種現象的商家來說，同樣的價格像A那樣標示真的賣得比較好嗎？還是像B那樣標示的賣得更好？答案揭曉：當然是像A一樣標示，更能吸引顧客的注意。

A型號

B型號

A 型號
「原本是要價 3 萬的型號，現在因為特別的促銷折扣才降價到 2 萬 5 千元。」

B 型號
「原來什麼優惠都沒有，這樣就等於是用原價買，相比之下還是虧了。」

錨定效應*（Anchoring Effect）又稱為「停泊效應」。船停靠在碼頭時會將錨放下，即使船受到外部影響也無法離開錨的周邊太遠。人的心態也是如此，在做任何決策的時候，第一個接觸到的資訊就像錨一樣，會造成巨大的影響。

　　A型號之所以受到關注，是因為「3萬」這個數字發揮了錨的作用。在看到標價的當下，「3萬」這個數字就成為談判的基準點，因而使顧客判斷A是相對「便宜的型號」。再加上B型號看上去什麼優惠都沒有，如果買B的話就等於按原價付全額，而且假設B不是什麼特定的型號，那麼顧客就沒有非買B不可的理由。以上是錨定效應和對比效應一起產生作用的結果。

註*：錨定效應（Anchoring Effect）

身為心理學家和行動經濟學始祖的丹尼爾‧康納曼（Daniel Kahneman）和阿摩司‧特沃斯基（Amos Tversky）提出了錨定效應的概念。就如同把錨放下的船無法移動太多，人們也會把第一個得到的數字當作基準點，因此無法進行理性的思考，並且這個數字也會對之後的判斷造成影響。

Aim High 技巧

　　問題是這樣的判斷存在著巨大的謬誤。A型號的價格標示方式可能代表它真的有特價，不過這也有可能只是商家的策略而已，當然，這是眼下無法得知的事情。儘管如此，我們仍舊覺得A型號是一個好選擇。

　　反過來利用這個心態的談判技術，則稱為「Aim High技巧」。這個談判方法是在訂定價格的時候，故意把價格設得高一點。不過，單純提高價格不算談判的技術。Aim High技巧首先要進行情報調查，藉此決定合理的目標。

不過，需要注意一點：**如果訂定的價格高得太誇張，反而會造成反效果。在對方的眼裡，你的談判誠意和他對你的信賴就會瓦解。**

因此，你提出的價格必須要有合理的依據。Aim High 技巧的順序是：「情報調查→目標設定→設定提議價格→準備依據」。如果你率先提出價格，它就可以成為這次談判的基準點，而你在談判中也會變得更加有利。

決定旅行地點的夫妻心理戰

為了有助於你理解，我們再舉一個簡單的例子。

結婚紀念日即將來臨之時，妻子向你們提議去歐洲旅行。妻子說上次參加同學會跟大家聊天之後才發現，只有自己沒去過歐洲，為此，妻子再三說服你。對你來說，去歐洲旅行是想都沒想過的事。實際上，你要騰出時間去旅行已經非常困難，更何況去歐洲旅行還要花費一大筆錢，妻子如此突然提出，對你來說確實有些壓力。但是你又很難拒絕妻子，因為連你也覺得是時候該去一趟海外旅行。在經過深深的苦惱之後，你想告訴妻子最後的決定是不去歐洲，而是選擇距離相對較近的東南亞地區。

「老婆，突然說要去歐洲旅行，是不是有點難度呢？如果這麼想去的話，我們從現在開始存去歐洲的旅遊基金，等存到之後再去。這次先去比較近的東南亞如何呢？」

能想到這種程度的說詞，已經算得上是很聰明的丈夫了。妻子聽到這番話，應該就不會堅持一定要到歐洲旅行。不過，有一點需要再三思考。表面上看來是丈夫說服了妻子，萬一妻子是談判專家的話，情況就會變得不同。請試著猜猜看，妻子原本想去的旅行地點是哪裡？

沒錯，就是東南亞。妻子原本的目標是宿霧（cebu）或峇厘島（bali），妻子使用了Aim High技巧，向丈夫提議去歐洲旅行。這個策略是讓對方以為歐洲是基準點。多虧如此，妻子才能順利達成原本的目標，而丈夫也如願以償地說服妻子。

　　世上沒有談判是不需要退讓的，Aim High技巧就是用來計畫退讓的餘地。先設定合理的目標，再策劃退讓的範圍，如此一來，就能預測接下來的談判會如何進行。最重要的是，你的退讓可以使對方得到滿足。

❝

預先策劃好你的退讓程度。

❞

ZOPA 的理解和應用

ZOPA是一個談判術語，是Zone Of Possible Agreement的縮寫，意思是：「談判協議區」。在實際業務中，ZOPA主要作為預測談判價格的道具使用。在談判前，先預測此次的目標價格、提議價格、離場價格，這麼做對於主導談判、預測談判非常有幫助。使用方法如下。

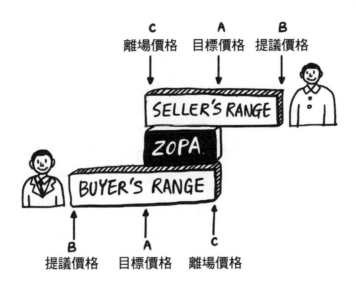

首先，設定你的目標價格。你可以透過情報調查來決定這次談判想要達成的最終目標，就算保守一點決定目標價格也沒有問題，目標只是目標而已，並不是需要死守的東西。因為最終

價格，必須在談判過程中經過不斷的修正和討論。

　　只是如果事前無法決定目標的話，往後的準備就會產生問題。先訂定目標，接著才能進行策略制定。

　　接下來則是決定你的提議價格。**如果你是供應者，就把目標訂高一點；如果你是採購者，就把目標訂低一點。這麼做是為了搶先取得談判的基準點，和留下退讓的餘地。**以上策略使用了錨定效應（Anchoring Effect）。不過需要注意的是，如果提議價格和目標價格的差異太過誇張會造成反效果。因為這會破壞我們與對方交易的真誠、還有我們給出消息的可信度。請不要忘了，對方也會充分地進行情報調查，甚至不亞於我們。

　　最後，決定離場價格。這是為了防止談判失敗非常重要的一環，離場價格往往會成為談判破裂的界線。供應者可以透過離場價格來防止銷售失誤，進行價格談判時，如果觸及到離場價格，就表示若再這樣繼續下去，最好讓談判破裂。對採購者來說，離場價格是能夠支付的最高金額。此外，訂定離場價格時，如果其他條件沒有太大差異，也可以透過BATNA來決定離場價格。

職場強人的談判技術 - 整理 6

搶先取得談判的基準點

1. 在提議之前，必須明確的訂定目標價格。第一個提議要故意設定的比較高，搶先取得談判的基準點會相對有利，這是因為錨定效應（Anchoring Effect）的關係。提議價格的依據越客觀，對你越有利。

2. 如果提議的價格太高會造成反效果，你的談判誠意和對方給予你的信賴就會瓦解。這也是為什麼提議價格必須要有合理的依據。而 Aim High 技巧的順序是：「情報調查→目標設定→設定提議價格→準備依據」。

3. 世上沒有談判是不需要退讓的。Aim High 技巧則是用來事先策劃退讓的餘地。先設定合理的目標，再策劃退讓的範圍，這樣就能預測談判未來的走向，也能把談判的滿足感當成送給對方的禮物。

EXERCISE

請在閱讀下方的內容後，試著回答以下問題。

XX 大車隊決定在今年下半季度開始，轉為進攻型的營運模式。在本次執行方案中，為了擴大營業範圍，公司打算再購入 200 多台的計程車，總預算為一億二千萬元。現在公司計畫要買 200 多台 2,500CC 的車子，採購組的任務，就是如何在預算範圍內購買最多的車輛。首先，採購組在上個月 10 號和 X 田汽車進行第一次談判。X 田汽車主打的計程車型號是 2,500CC 的「T5」，車子的價格是 63 萬元。X 田汽車表示這次一定要成功簽約，因此他們提供了 10% 的價格折扣，展現簽約的堅定意志。但是「T5」在國內的計程車中占比不到 5%，而且和其他汽車品牌相比，缺點是維修中心的據點較少。因此，採購組認為要是價格談判順利的話，或許可以試試看換成福 X 汽車的「C5」型號。「C5」的販售價格是 64 萬一台，按照福 X 汽車銷售組的計畫，將在下個月 10 號進行第一次會議。

假設你是XX大車隊的採購組長，現在正準備和福X汽車談判。請試著完成此次談判的ZOPA。

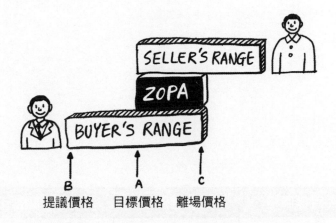

A 目標價格 _____

_____

B 提議價格 _____

_____

C 離場價格 _____

_____

A 目標價格	B 提議價格	C 離場價格
57 萬 5 千元／台	56 萬元／台	60 萬元／台

➢ 解答的依據

A. 目標價格：利用 BATNA（T5）的 10% 折扣作為依據，把 C5 的一般售價扣除 10% 後是 58 萬元，接著 再小幅降低價格，也就是把 57 萬 5 千元訂為 目標。

B. 提議價格：以 BATNA（T5） 折扣 10% 的價格為基準， 也就是在第一次提議 56 萬元。

C. 離場價格：以公司能夠接受的最高價格與 BATNA 的各 種 條件比較之後，所做出的決定。

談判筆記

SUCCESSFUL
NEGOTIATION

Lesson 7

不要爽快
的退讓，
要惋惜地拒絕

持續釋出善意，別人卻以為是權力
攻破人心的退讓技巧
如果事先策劃 10% 的退讓
拒絕（Refusal）的技術

Lesson 7

不要爽快的退讓，
要惋惜地拒絕

　　要使用Aim High技巧，前提是具有退讓的空間。沒有退讓的談判無法成立，不過，盲目的退讓也無法使談判成功。退讓的時機、範圍，還有退讓時需要注意的問題等，必須全部理解之後再進行縝密的策劃，才是退讓的最高技巧。

　　在談退讓的技巧之前，有幾個問題需要先思考。那就是：退讓的目的是什麼？在談判中，為什麼會需要退讓？一般來說，我們都同意為了達成協商，不可避免一定要做出退讓，儘管如此，人們仍然不喜歡在談判中退讓。因此，多數人會覺得退讓是為了達成協商萬不得已而做的選擇，如果可以，會盡可能阻止退讓的發生。之所以會這麼想，是因為大家沒有深入思考退讓的目的是什麼。

　退讓的目的在於：達成協商之前，需給予對方滿足感。有的人只要給予一點點滿足感，就能圓滿地達成協商；有的人就算把全世界都給他，談判仍舊會破裂。兩者的差異，就在於退讓的技巧。所謂退讓的技巧，並不是減少退讓或阻止退讓，正好相反，退讓的技巧是指：使事先計畫好的退讓，能產生最佳效果。一樣都是退讓，但這個技巧可以使對方的滿足感極大化。

> ## 退讓的目的＝對方的滿足感

持續釋出善意，別人卻以為是權力

這句話雖然聽起來不太舒服，但我們很難否定它，它赤裸裸地展現出人類有多麼自私。談判中的退讓技巧，正是建立在這種心態之上。換句話說，你爽快的退讓不會讓對方得到滿足，這也是為什麼在準備談判的時候，需要同時考慮退讓的時機與範圍。

> 如果你一味地對別人好，
> 別人就會以為那是理所當然的。
>
> ——出自電影《神鬼交易》

若用一句話來表現退讓的技巧，那就是：「必須艱難地去做」。這並非叫你不要退讓，而是「表現出退讓是很為難的」，這能使對方的滿足感提高。不過，人們的心態通常是：「既然遲早都要退讓，與其不甘不脆，還不如痛快地讓給對方。」這種想法，導致我們無法好好運用退讓的技巧。

輕易的退讓，會大幅降低對方在談判中的滿足感。舉例來說，假如你要求價格再降低10%，對方卻爽快地說：「好，那就這麼辦吧！」聽到這裡，不知為何心裡就是感到不踏實。你會認為對方好像還可以再繼續做出退讓，沒想到自己卻只拿到

了10%折扣而已；但如果情況反過來，雙方耗費許多時間，最後才勉為其難地降低10%的話，談判的滿足感也會跟著大大提升。雖然一樣都是10%的折扣，但是談判的成果完全不同。

輕易的退讓
會降低對方的滿足感

攻破人心的退讓技巧

接下來，我們將以退讓的目的和心態為基礎，整理成以下三種方法。

第一，在退讓的同時向對方做出微小的請求。這麼做的話，就可以向對方傳遞出這樣的訊息：「這個退讓的決定是非常為難的，所以你也讓出一些條件吧！」。一般來說，按照禮尚往來的原則：你給我一個、我也給你一個，這使得「為難的退讓」具有吸引人的效果，這樣的行為會給人一種公平性的印象，也是藉機爭取更多的機會。

第二，不要一下子就完全退讓，分次退讓才是最佳選擇。換個立場想，你很容易就能明白為什麼「一次得到10%的退讓」，和「多次的會議中，一點一滴得到10%的退讓」，兩者對於談判的滿足感是完全不一樣。

雖然從結果來看是一樣的，但是後者透過談判過程所得到的成就感比較高。因此，在事前計畫好要進行幾次談判，還有在每次談判中要退讓到哪個程度，都是相當重要的。

　　第三，必須考慮退讓的幅度（Range）。如果你計畫將做出
兩次的退讓，但是退讓的幅度卻逐漸增加，反而會造成對方猶
豫不決。

退讓的幅度逐漸增加，會讓對方誤以為如果繼續要求下去，你會再做出更多的讓步。相反地，如果退讓的幅度逐漸縮小，對方就會知道這是你很難再做出退讓的訊號。這個做法也具有誘導對方自行決定談判最終界線的效果。

> ❝
>
> ## 退讓的幅度如果增加太多，
> ## 會讓自己陷入退無可退的窘境。
>
> ❞

如果事先策劃 10% 的退讓

　　以B2B談判為例。假設你正在準備客戶的採購合約，談判目標是以每個10,000元的價格供應。然後你利用Aim High技巧，先提議價格為11,000元，計畫在談判過程中，退讓大約10%。預計這次的談判會進行三次會議，結束之後再簽訂合約。

　　以下有三種不同的退讓方式。你認為哪一種方式是更加聰明的談判？

➢ 退讓的流程範例

項目	第一次會議	第二次會議	第三次會議
A	0%	0%	10%
B	2%	5%	10%
C	5%	8%	10%

正確答案是C。如果先排除其他環境因素，C是最有效的退讓方法。原因如下：A是三個方式中，最艱難的退讓，但是這依舊與成功的談判有差距。在這種情況下，對方可能會產生疑惑：「既然你最後都會退讓，那當初到底在堅持什麼啊？」

在A這種情況下，雖然你把能給的都給了，對方卻不會給你好臉色。而且A更大的問題是，這種做法有極大的可能無法堅持到第三次會議。

B和C的方式都不是一次就完全退讓，而是分次退讓。兩者的差異在於退讓的幅度。B的退讓幅度是逐漸增加；而C的退讓幅度是逐漸減少。B就如同前面說明的，這麼做的話會讓對方期待你將繼續做出退讓。相反的，C的做法可以使對方在第二次會議後，自動將目標設定在10%。因此，雖然一樣都是退

讓10%，滿足感卻大大不同。

就算你在談判中游刃有餘，也千萬不要一次退讓全部。總結來說，退讓的技巧是：分成多次退讓，且退讓的幅度要逐次減少。所以使用Ｃ的方法才是最聰明的談判。

分成多次退讓，並且退讓幅度要逐次減少

拒絕（Refusal）的技巧

當對方的要求超過你的底線時，你就必須拒絕對方。在談判中，把自己的籌碼全盤讓出，比無法達成協商還要糟糕。因為這麼做會開啟對你不利的先例，對往後的交易也會造成不好的影響。不過，如果這次談判是以成功簽約為首要目標，站在供應者或銷售者的立場，談判條件固然重要，卻很難向對方說出拒絕的話。接著就讓我們來瞭解一下「拒絕的技巧」，在談判過程中，如何用高明的方式拒絕對方過分的要求。

首先請務必記得，拒絕的目的並不是讓談判破裂。因此，用不禮貌的語氣或態度來拒絕對方是非常愚蠢的。我經常看到談

判不是因為條件談不攏，而是因為情緒化的爭吵而失敗，把情緒帶到談判桌是非常不可取的。**拒絕的目的不是為了別的，而是為了削減對方的要求，同時還必須讓彼此間的關係不產生裂痕。拒絕的技巧，就在於同時滿足以上兩件事。想在談判中使用拒絕的技巧，關鍵在於拒絕的人不是「你」。**

我們可以很自然地把問題連結到「權力」上，談判的當事者不能擁有決定所有條件的權力。這與是否擁有實際權力並無關係，而是因為如果談判當事者有絕對權力的話，當你拒絕對方時，同時也會傳遞出你想結束談判的意圖。拒絕對方的時候，必須向他傳達出這樣的訊息：「雖然我也想接受，但因為我不是負責決定的人，就算我想幫你也沒辦法。」接著，不要讓談判停留在原地，你得提出解決方案，使談判可以順利地進行下去。

我也想跟你進行交易，但公司說要和B合作。

「雖然沒有10%的前例，而且我也沒有這個權力，但是如果您可以提前付款的話，我會盡可能去說服公司給你7%。」

談判當事者不論在什麼情況下，都不能與對方鬧翻。就算這次的談判失敗了，也要聰明地和對方約定好下次的談判。因此，拒絕的時候應該讓擁有決定權的人登場，而不是「你」。如果是以團體為單位進行談判的話，要讓擁有決定權的人最後才出現，並且由他結束這次談判。這個方法在談判中稱為：「黑白臉（Good Guy-Bad Guy）」。

"

拒絕的技巧＝讓正式拒絕的人不是「你」。

"

職場強人的談判技術 - 整理 7

不要爽快的退讓，要惋惜地拒絕

1. 退讓的目的在於：達成協商之前給予對方滿足感。有的人
   只要給予一點點滿足感就能圓滿地達成協商；有的人就算
   把全世界都給他，談判仍舊會破裂。兩者的差異就在於退
   讓的技巧。

2. 輕易的退讓反而會降低對方的滿足感。方法包括：第一，
   退讓的同時，必須向對方要求一些微小的代價。第二，不
   要一次退讓全部，最好分次退讓。第三，逐漸縮小退讓的
   幅度（Range）會更有效果。

3. 拒絕的目的在於削減對方的要求。同時，還得讓彼此的關
   係不產生裂痕，拒絕的技巧就是滿足以上兩件事。關鍵在
   於拒絕的人不是「你」，而是擁有決定權的人。

EXERCISE

請在閱讀以下內容之後，試著回答後面的問題。

福 X 汽車的銷售組收到消息，國內計程車業的第二把交椅 X X 大車隊為了拓展業務，打算購買大量（推測 200～300 台）計程車。這個案子經過高層會議討論的結果，多數人決定傾盡公司之力，爭取到這次的合作。公司的銷售組與 X X 大車隊接觸之後，雙方約定在下個月 15 日進行第一次會議。

福 X 汽車主要生產的車種是 2,500cc 的「C5」計程車。這個型號的車子以簡潔的設計和具有指紋辨識功能，而深受中、壯年齡層的歡迎，2020 年在國內計程車中的占比約 35%。

「C5 型號」考慮到所需的全部人力、物力費用，成本率大約是 70%。福 X 汽車的「C5」型號計程車的販售價格是一台 64 萬元，銷售組考慮到公司的收益，針對購買 100 台以上的大規模合約，最多能給出 15% 的折扣。不過，兩年前在一個 500 台的合約中，也曾有過給出 20% 折扣的前例。

假設你是福X汽車的銷售組長，這次簽約將進行總共三次的談判後才能決定。請嘗試策劃每次的提議價格和退讓的策略。

	提議價格	提議的依據
第一次談判		
第二次談判		
第三次談判		

	提議價格	提議的依據
第一次談判	61 萬元	原本售價是 64 萬元，5% 折扣後的價格是 60 萬 8 千元
第二次談判	59 萬元	原本售價是 64 萬元，8% 折扣後的價格是 58 萬 8 千元
第三次談判	58 萬元	原本售價是 64 萬元，10% 折扣後的價格是 57 萬 6 千元

SUCCESSFUL NEGOTIATION

Lesson 8

思考
該給予什麼

扭轉零和賽局的困境
取得給予及索求的平衡點

Lesson 8
思考該給予什麼

假設你為了買蘋果而去了一趟市場，令人垂涎欲滴的蘋果10顆要500元。如果你想要殺價100元，也就是用400元買10顆蘋果，你會如何和老闆進行談判呢？

首先，和老闆說「不給殺價就不買」，或是「挑剔蘋果有瑕疵」都是行不通的，這是因為把情緒帶到談判中的關係。前者比起談判更像是威脅，後者則會輕易被老闆反駁：「那你為什麼還要買？」在這種情況下，老闆的心態是：即使有利潤，也不想讓談判成功。

以上的問題雖然相當簡單，但卻不容易。因為如果你殺價成功的話，對身為客人的你來說是賺到了，但對販售者而言卻是損失。

如果將其他情況都排除在外，販售者會拒絕這個提議是理所當然的，所以我們很難達成以400元買10顆蘋果的目標。這種現象稱之為零和賽局（Zero Sum Game）。零和賽局是一個經濟學術語，用來表示當一方得到某種程度的利益時，另一方就會受到某種程度的損失。因此，在這個情況下，人們很難進行談判。

讓我們再複習一次：談判就是進行協商。如果要達成協商的話，就不能只讓某一方遭受損失。為了解決這個問題，我們必須把零和賽局扭轉成非零和賽局（Non Zero Sum Game）。而這個方法運用了談判技術中相當具有代表性的：議題*（Agenda）。

註*：議題（Agenda）：是指眾人聚在一起互相討論的情況，或研究的題目。

扭轉零和賽局的困境

　　談判，必須有兩個以上的議題（Agenda）才得以進行。只有雙方各自在其中一個議題獲得自己想要的條件時，才能共同達成協議。在上述情況中，我們很難用400元買到10顆蘋果，是因為談判的議題只有「價格」而已。不過只要增加議題，情況就會有所改變。「我想一次買20顆，老闆你就算我800元吧！」如果向老闆這麼提議，談判就有可能繼續進行下去。因為你在談判中加入了「數量」這個議題，把零和賽局變成非零和賽局。

從數量出發

不過，事情到這裡還沒結束，只要你願意思考，就一定能想到繼續殺價的方法。舉例來說，加入「付款方式」的議題：「我可以用現金結帳，算我700元吧！」

不管對方是否接受這個提議，談判仍然能繼續進行。綜合以上做法，相當於你為了得到「價格」的折扣，所以在「數量」和「付款方式」做出了部分退讓。像這樣使談判過程不再只有單一議題，讓談判的議題更加多元化，這就是為了達成雙贏局面極具代表性的技巧。

改變付款方式

讓我們試著把這個方法應用在交易談判上。大部分無法達成協商的談判，都是因為整個談判過程，只圍繞著「單價」這個議題在爭吵。這種情況下，絕大部分的談判最終都會破裂；或是按照甲方、乙方的邏輯，弱者只能選擇被迫接受強者的提議，因為這個談判是零和賽局。

　　不過，成功的交易會有各式各樣的議題。在談判時，一併提出單價和數量，還有追加的合約。或是針對合約期限、簽約金、付款方式等，進行各式各樣議題的協商，接著在談判過程中互相協調彼此的條件。

　　若想要談判成功，你不需要和對方一決勝負，而是雙方在談判中互相交換彼此想要的東西。這也是為什麼我們會說，最愚蠢的談判家是：「把錢放在桌上就走的人」。

> **66**
>
> ## 當談判過程中的討論議題越多，
> ## 越有機會成功。
>
> **99**

取得給予和索求的平衡點

有一說法是：「談判是給予和索求（Give and Take）」，這是一個非常理所當然、且正確的說法。這個說法並不僅限於交易，世上所有的關係都是如此。只有給予或是只有索求的關係是無法成立的。但是比起「給予（Give）」，大家似乎更專注在「索求（Take）」上，這也導致人們無法好好同時進行給予和索求。

以上也是談判成功的關鍵。當談判議題更加多元化之後，比起去想在談判中能得到什麼，深入思考能給予對方什麼，相較之下更為重要。

聰明的談判技巧是：把比較不重要的東西讓給對方，把更重要的東西收為己有。

在產品的採購合約中，如果你想要得到價格折扣，最好在數量方面保留可退讓的餘裕。對供應者來說雖然價格非常重要，但付款方式也同樣需要重視，所以提前準備好退讓的方法是相當重要的關鍵。在這個情況下，必須事先計畫好自己要在哪些方面（簽約金、合約期限、運費等）做出退讓，如此一來，才能順利進行談判。

在勞資談判中，資方如果打算減少薪水上漲的幅度，為了和勞方達成協議，資方不能只想著在談判中要得到什麼，而是必須先思考要給予勞方什麼。舉例來說，資方可以把與勞方利益相關的議題作為談判的籌碼，例如：延長強制退休年齡、增加休假天數、提高旅遊補助等。

加盟店管理者（Franchise Supervisor）如果打算勸說加盟主引進新產品，準備合理依據和資料以供對方參考是基本的作法。同時，不要只想著要得到什麼，而是多方去找尋對方可能會喜歡的議題。例如，在公司可接受的範圍內提供加盟主人力

支援、行銷支援、免費優惠券等，並在談判過程中找到適當的
時機提出，如此一來，雙方就能滿意地達成協商。

加盟經營談判

銷量提升　　人力　行銷　免費優惠券　退貨保障　重新裝修　...

> **將較不重要的東西讓給對方，**
> **把更重要的東西收為己有。**

職場強人的談判技術 - 整理 8

思考給予什麼

1. 無法達成協商，往往是因為整個談判過程中，只圍繞著「單價」這個議題（Agenda）爭吵。在這種情況下，大部分的談判最終會破裂；或是按照甲方、乙方的邏輯，弱者只能選擇接受強者的提議，因為這個談判陷入零和賽局（Zero Sum Game）。

2. 談判必須有兩個以上的議題才可能成功。只有給予或是只有索求的談判，是無法成立的。必須努力讓談判不侷限在單一議題，並使談判議題更加的多元化。

3. 在談判議題更加多元化之後，接下來，比起去想在談判中能獲得什麼，不如思考能給予對方什麼更重要。此外，聰明的談判技巧是把比較不重要的東西讓給對方，更重要的東西收為己有。

EXERCISE

　　以下是採購合約書的其中一部分。請嘗試列出在類似的合約談判中，可能會用到的議題（Agenda）。

採購合約書

「甲」股份公司與「乙」股份公司雙方就「甲」、「乙」之間的採購交易簽訂如下基本合約：

第 1 條【合約目的】

本採購合約 (以下簡稱本合約) 是甲、乙雙方就 ＿＿＿＿＿＿＿（以下簡稱本產品) 採購交易相關的基本事項，在沒有另外約定的情況下，本合約適用於甲方和乙方之間所有的採購交易。

第 2 條【合約期限暨單價】

1.	2.
3.	4.
5.	6.

➢ 解答的依據

1. 單價   2. 數量

3. 交貨期限   4. 簽約金

5. 合約期限   6. 付款條件

7. 運費暨條件   8. 售後服務條件與期限

9. 服務項目   10. 回購條件

11. 追加合約

談判筆記

SUCCESSFUL 💬
NEGOTIATION

找到對方真正的
理由，而非他的
需求

教師 vs. 家長的衝突狀況

「利益」是隱藏在心裡的真相

解決衝突的流程

地方政府 vs. 環境保護團體的衝突

Lesson 9
找到對方真正的理由，
而非他的需求

　　談判的技巧，同時也是交易的核心和解決衝突的藝術。不論是人與人之間的衝突，還是組織內的衝突，又或者是與顧客談判陷入兩難時，「談判的技巧」就是提出實際解決這些問題的有效方法。談判是有原則可依循的，因此，想要成功地進行談判，必須先分析衝突的原委，並且徹底理解談判的原則。

　　用一句話來說明衝突產生的原因——「因為彼此不一樣」。就算同時面對相同的問題，雙方分析衝突的原因也可能截然不同，提出的解決辦法自然也會有所差異，甚至是解決問題之後的目標也不盡相同，衝突因而產生，這是非常理所當然的現象。正因為雙方所處的位置不同，觀點當然跟著改變。

　　社長和員工的觀點不同；財務組和行銷組的觀點不同；更不

用說管理階層和第一線員工、銷售人員、採購人員和顧客的觀點當然更不一樣。**為了解決衝突，在談判中理解和認同對方的觀點就是關鍵所在。**但是，人們向來以自我為中心，來判斷周遭事物的思維模式，進而採取行動，這是非常自然的。不過，若大家都不願意為彼此著想，繼續以自我為中心進行對話，這樣下去別說是解決衝突，反而會讓事態變得更嚴重。

這張圖在你眼中看起來是什麼？根據觀點的不同，結果也會不同。
Duck or Rabbit？〈出處：Wikipedia〉

教師 vs. 家長的衝突狀況

假設，現在有一位小學老師和家長發生衝突。衝突發生的原因，是因為孩子們向自己的母親傾訴對老師的不滿。

孩子們說老師對學生有差別待遇，而且吃營養午餐的時候，還強迫他們吃不喜歡的食物。不論是什麼樣的父母，聽到這樣的話肯定會擔心。但是，家長獨自找老師追究這件事也不甚妥當；於是同個班級的父母們，對此事達成共識之後，集體去找老師抗議。以上，就是老師和十多名家長之間發生的衝突狀況。假設你是這位老師，會選擇如何處理這件事？

「首先，仔細傾聽家長們找上門的原因。如果是因為聽到孩子的抱怨而來，那就告訴他們這是個誤會，因為僅聽一方的說詞，很有可能事實被扭曲。接著，再仔細向家長們說明自己並沒有對學生差別待遇，也沒有強迫他們吃不喜歡的食物。」

在我的課堂上，大致都會出現以上答案。實際上，這也是多數老師們常見的處理方式。仔細分析一下老師們這麼做的用意所在：聽完對方的說詞後，表達這只是誤會，並向對方充分傳達自己想說的話。乍聽之下，這樣好像沒有什麼不對，但其實我很難對這樣的處理方式給出高分。

讓我們再試著重新思考：在現實中如果按照上面的方式進行，衝突就會解決嗎？這個案例中的家長們，聽完老師的說法後，難道會說：「啊，原來是我們誤會了。」然後接受老師的說詞轉身離去嗎？雖然不能百分之百的確定，但是在這種情況

下，我們很難期待家長們會做出正面的回應。**這是因為老師傳達給家長們的訊息中，藏著說服的意圖。** 從家長的立場來看，這樣會變成自己只是聽了子女的抱怨才誤會老師。不論真實與否，從情感層面來看，家長也很難接受這樣的理由。

「利益」是隱藏在心裡的真相

為了解決衝突，在談判過程中，首先該做的就是分析對方的立場（Position）和利益（Interest）。**「立場」是指對方表面上要求的事項；「利益」則是對方隱藏在心裡的真正原因。** 這樣解釋大家應該會更容易理解。

對方給出的一個小小訊息，往往包含了自身的立場和利益，萬幸的是這兩者並不一樣。這也是為什麼我們能使用談判的技術，聰明地解決衝突的原因。

請不要執著於對方的立場，而是找到對方的利益，如此一來，你就能準備新的方案來解決衝突。

舉個例子：假設今天有一位客人想購買一瓶可樂，他的利益可能是解渴或是想喝清涼的碳酸飲料。只要能夠瞭解到這點，就算可樂沒有庫存，你也能留住客人。假設今天你的員工為了繼續進修而遞出辭呈，他的利益可能並非真的是學業，而是在其他方面。他很可能是對工資不滿，也有可能是太頻繁的加班，又或者是與職場同事不和。只要你能找到他辭職的真正理由，也就是他的「利益」，或許就能讓員工回心轉意。

Interest= Position+Why?

解決衝突的流程

讓我們試著把這個方法應用在前面的案例中。家長表面上的立場是「抗議」，看起來好像是在追究「老師對學生有沒有差別待遇」這件事的原委。不過，家長們找老師真的只是為了抗議嗎？如果是育有子女的父母，應該可以很輕鬆地就能回答我的問題。當然不是為了抗議，而是因為擔心：「我的孩子會不會真的遭受老師的差別待遇了？」而且家長也希望：「老師如果能多關照我的孩子就好了。」以上就是家長們的「利益」，也是來找老師的真正理由。

一旦像這樣把焦點放在「利益」而非「立場」，衝突的結構就會產生變化。

老師與家長之間的談判，不再只是針對「差別待遇」這件事進行攻防戰，雙方反而會成為共同解決問題的夥伴。人們向客服中心提起客訴，或是公家機關產生民怨的情況也是如此，他們的利益並非是抱怨，而是為了解決問題。這是由於他們向

負責人請求幫助，卻沒有得到回應，導致後續行為變得更加激烈。為了避免不必要的衝突發生，請聚焦在對方的利益，而非立場。

回到原本的問題，為了解決衝突，老師首先要做的就是向家長提議進行個別會談。這是因為當我們混在人群中的時候，傾向於隱藏自己的利益。基於以上的理由，比起三人一組，老師最好勸說家長進行個別會談。**在與多數人發生衝突的情況下，盡可能將狀況改成以一對一的方式個別解決問題為上策。**

接下來，老師必須解決家長的利益。老師可以直接傾聽家長的煩惱，同時向家長傳達在自己眼中，他們的孩子具有什麼樣的個性。此時，比起缺點，需要更突出孩子的優點，但也不必為了贏得家長的心而刻意過度稱讚，因為這些是家長早就知道的事。

　　最後，老師必須提出解決方案。老師可以具體針對孩子的學習方法或往後的發展方向提出建議，在家長眼中，肯定會提高對老師的評價。如此一來，既能滿足家長的利益，也能妥善完成身為老師該負的責任。

▷ 解決衝突的流程

發生衝突	找老師的真正理由並非是抗議，而是想請求老師對自己的子女多加關照

▼

區分立場和利益	透過一對一的會談，創造能讓家長說出心裡話的場合。

▼

一對一會談	透過傾聽與認同以及稱讚孩子，來打開家長的心房。

▼

提出解決方案	提供個別的解決方法，藉此滿足家長的利益。

"

一對一解決衝突，
讓對方卸下心防說出心裡的話

"

地方政府 vs. 環境保護團體的衝突

　　假設有個地方政府為了建造公園，正規畫在入口處進行施工。這個計畫，是為了增加當地居民的休閒設施，以及吸引觀光客前來，於是地方政府積極研究這個計畫的可行性。不過，為了這個計畫必須開發原本的城市綠地，這樣才能確保入口處可進行施工。但此時環保團體卻跳出來反對，因為他們覺得毫無節制地隨便開發，會造成對環境的破壞，反而對當地居民的生活產生不好的影響。

　　首先需要知道的是，如果是從「反對入口處施工 vs. 進行入口處施工」來看待這個問題，那麼，你將無法找出解決辦法。不過，若是從內在的利益開始著手，或許就能夠讓雙方達成共識。舉例來說，入口處不一定要用柏油或水泥來鋪路，也可以

考慮使用其他方式打造；或者在城市綠地進行保養，將入口處打造成比之前更有生機的環境友善綠色空間。

　　當把所有衝突放入同一個案子時，雙方的觀點一定是南轅北轍。再加上雙方都主張自己的立場是正確的，因此，試圖用自己的主張或邏輯去說服對方是相當愚蠢的行為，必須拋棄「我是對的，對方是錯的」這樣的想法。如果想要解決問題，你必須嘗試認可對方，並且深入瞭解對方的利益，而不是立場。同時，讓大家看見你有解決對方利益的誠意，那麼，衝突就會變得更加容易解決。

> **解決衝突，
> 不是追究誰對誰錯。**

職場強人的談判技術 - 整理 9

找到對方真正的理由，而非他的需求

1. 用一句話來說明衝突的原因：「因為彼此不一樣」。因為雙方所處的位置不同，觀點也會跟著不同，這是非常理所當然的現象。因此，在談判中解決衝突的關鍵就在於：理解及認同對方的觀點。

2. 談判是有原則可依循的。首先，需要瞭解對方的立場（Position）和利益（Interest）。也不要執著於對方表現出來的立場，而是找到他藏在心中的利益，如此一來就能找到解決辦法。

3. 把所有的衝突放入同一個案子中，雙方的觀點一定是南轅北轍，再加上雙方都會主張自己的立場是正確的。因此，試圖用自己的主張或邏輯去說服對方，是愚蠢的行為。

EXERCISE

閱讀以下的案例後，請嘗試分析銀行行員和顧客的立場
（Position）及利益（Interest）。

今天我為了存一筆定期存款去了一趟銀行，我想試著運用自己一點
一滴積攢下來的錢理財。但我沒有什麼特殊的理財方法，目前瞭解
的也只有定期存款的利率還算不錯。但實際上和行員談過之後，才
發現利息實在太低了。而且每個銀行的定存利息差異也不大。我露
出失望的表情，正在思考該怎麼辦的時候，銀行行員突然向我問了
一個問題。

「請問您有申請過請證券帳戶嗎？」

為什麼會突然提到證券帳戶？雖然我不清楚行員問這個問題的理
由，不過很久以前我曾經辦過，正好是這家銀行的，但我很長一段
時間沒有使用到這個帳戶了。

「幾年前我曾經辦過一個。您查看看就知道了。不過為什麼會問這
個問題呢？」

行員依目前的狀況推薦你定期定額存 ETF：「存股就是指企業每年
穩定配發現金股利，垷金殖利率穩定，殖利率高於銀行定存，投資
這些股票就像在銀行定存一樣，如果短期內沒有要使用這筆存款，
可以考慮看看存股的方式。」銀行行員藉此抓住差點錯過的顧客，
並和顧客展開談判。

項目	顧客	銀行行員
立場 (Position)		
利益 (Interest)		

項目	顧客	銀行行員
立場 (Position)	利息高的定期存款	定期存款的利息很低
利益 (Interest)	定期定額分散風險 + 高額利息	顧客滿足 + 獲得忠實客 戶

SUCCESSFUL
NEGOTIATION

Lesson 10

準備雙方都滿意的第三替代方案

創意替代方案（Creative Option）
專利授權金（License Royalty）談判
從不公平中找出平衡

Lesson 10
準備雙方都滿意的
第三替代方案

　　立場（Position）和利益（Interest）的概念，同樣適用於商業交易中。假設供應方要求調漲單價，他的利益可能是提升銷量或者增加銷售利益。因此，採購方可以將焦點放在數量或付款方式上，也可以向對方提議變更其他條件，如此一來就算不用調漲單價，雙方也能達成協商。

　　開發中國家和國際企業在談判時，因為「當地生產」問題陷入僵局，如果從雙方的利益著手，就能看出端倪。開發中國家想要當地生產的利益，是為本國引進企業、創造就業機會等；相反的，國際企業的利益則是想要降低關稅、人力成本等，以及防止技術外流。

　　不過，目光不能只停留在「當地生產」這個立場，雙方必須

透過協調彼此的利益來改變談判的框架，進而達成共識。

就算雙方的談判陷入僵局，只要能找到對方的利益，就能提出新的替代方案。這在談判的專業術語中稱為：「創意替代方案（Creative Option）」。

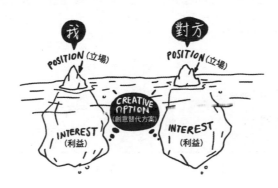

創意替代方案（Creative Option）

　　尋找創意替代方案的其中一個技巧是：在談判中利用附加條件，也就是所謂的有條件的談判。接著，讓我們舉個實際例子來說明。

　　假設，採購者在談判中要求調降單價，而供應者正在針對這件事進行防守。如果採購者說：「以後購買數量會一次比一次高。」提出這樣的甜頭來勸說供應者。在這種情況下，供應者很難輕易拒絕；但儘管如此，站在供應者的立場，也無法要求對方現在就確認往後的採購數量。不過供應者如果使用下方的對照表向採購者提出條件，這個表格就能成為創意替代方案。

數量對比單價

項目	1 ～ 300 個	301 ～ 600 個	601 ～ 1000 個
單價	10,000 元	9,500 元	9,000 元

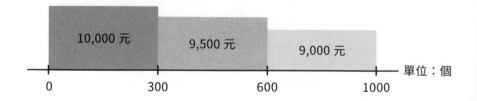

協商困難的原因在於：未來的不確定性。站在目前的角度，如果供應者馬上接受採購者不確定的提議是不妥的。未來雙方很可能會針對這個提議產生許多爭議，解決這個問題的方法就在於「決定單價的方式」。把「單價」這個單一條件轉換為複數條件：「數量對比單價」，如此一來，就能讓雙方接受談判結果並達成共識。在採購合約中，如果你想要找到創意替代方案，就必須拋開「單價只能是一種價格」這樣的刻板印象。

> ## 談判的完成在於
> ## 找出創意替代方案（Creative Option）

專利授權金（License Royalty）談判

　　讓我們再往前邁進一步，以下是技術業和製造業的專利許可談判案例。授權金一般分為兩種：一種是以開發費用的名義一次給付；另一種則是按照銷售金額的一定比例來支付的計量授權金（Running Royalty）。雙方可以根據自己的利益，看是追求穩定性還是發展性，針對初期一次給付的金額和計量授權金的比例進行協商。在這個過程中，**決定授權金的方式不要侷限在某個固定比率，而是混入各式各樣的條件**，像是「定額」、「定額+定率」等，使雙方的利益在協商中能得到滿足。

　　不過，問題在於雙方對市場前景的見解不同。對市場前景抱持樂觀態度的製造業，會要求授權金的比率逐漸下降。因為隨著時間過去，製造業實際上支付的授權金會變高；相反的，無法確認市場前景的技術業，則會要求逐漸提高授權金的比率，這樣才能進行避險（Risk Hedging）。雙方都會主張自己的立場是對的，而解決這個問題的創意替代方案，是在授權金加上期限限制，如此一來便能使雙方達成共識。授權金的條件如下所示：

授權金條件

銷售額＼期限	2 年	3 年	4 年	5 年
1301 萬 ～	7%	6%	5%	4%
1001 ～ 1300 萬	6%	5%	4%	3%
701 萬～ 1000 萬	5%	4%	3%	3%
～ 700 萬	4%	3%	3%	3%

　　基本的授權金比率是4%。按照製造業的主張，如果銷售額一直維持在同一個高度，隨著時間流逝，授權金的比率必須逐漸下降。不過，如果與製造業預想的不同，假設第三年的銷售額超過1000萬元，為了反映專利的貢獻度，授權金比率必須調整為5%，反過來的情況也是一樣；第三年銷售額低於1000萬元的話，授權金的比率就要減少。如此一來，才是對雙方都公平的條件，同時這也反映著技術業為了將風險最小化、能接受最低授權金（Minimum Royalty）的概念。

　　談判，並不是為了追究誰對誰錯。當雙方針鋒相對時，討論誰的主張比較正確是非常沒有意義的事。因為站在雙方的立場上，各自的主張都有道理，終極的談判是尋求雙方都滿意的創意替代方案。

從不公平中找出平衡

社會衝突和商業交易本質上有些許的不同。交易談判主要是圍繞在利益和損失；社會衝突的談判，則是為了解決社會成員的抱怨和不滿。每個人引發衝突的原因都不盡相同，但實際上可以歸納成一點：**那就是站在各自的立場上，大家都認為有不公平的事情存在。**

為了理解公平性是什麼，首先我們必須區分「公平」和「平衡」兩個概念之間的差異。從字典上的定義來看，公平的意思是不偏向任何一方，意味著平均；平衡的意思是，根據所處的狀況使其達到均衡。

社會衝突則是根據人們所處的狀況進行調整，朝著追求「平衡」的方向前進。以下插圖就是一個很好的例子。

66

公平：不偏向任何一方，意味著平均。
平衡：根據所處的狀況，使其達到均衡。

99

公平	平衡	創意替代方案 （Creative Option）
所有人都得到一樣的幫助，但還是有一部分的人無法享受比賽。	為了讓大家可以享受比賽，每個人得到的幫助都不一樣。大家的待遇達到平衡。	三人全都沒有得到幫助，卻能夠享受比賽。因為造成不公平的根本原因已經解決。

　　所有人都有觀賞比賽的權利，不過，為了確保大家的安全，觀眾席的前方設有一道圍牆，這就是本次引發社會衝突的障礙物。然而這道圍牆，造成了矮個子和高個子之間的「不公平」。矮個子的人為了自身的權利，向主辦單位要求自己也要能觀看比賽。

　　主辦單位為了達到平衡，於是做了和第二張照片一樣的決策。這個方法確實解決了問題，也滿足了矮個子的期望。但是

這個辦法在現實生活中，又會引起另一個衝突，換成高個子的人對這個決策感到不滿。

主辦單位只給矮個子的人2個墊腳箱子，高個子的人什麼都沒有，對他們來說這就是差別待遇。站在高個子的立場來看，他們的主張也有道理。因此，在許多情況下，主辦單位會選擇和第一張照片一樣的作法，也就是以公平的方式對待每一個人。不過，這麼做仍然不能解決問題。

在這個情況下，解決問題的辦法在於程序的正當性和效益性。如果主辦單位打算使用第二張照片的作法，就有必須先解決的課題。主辦單位需要在事前先向高個子的人取得諒解，與高個子的人進行商議，使他們充分理解這個決策。如果不這麼做，又會引發其他的衝突。就算是一樣的決策，也會導致完全不一樣的結果，這也是為什麼需要程序正當性的原因。

不過，主辦單位也可以考慮使用其他方式來幫助高個子的人。舉例來說，提供飲料折價券的補償。不一定非得在物質方面給予補償，只是必須留意，過度的補償又會造成其他不公平的狀況產生，所以必須設定在一個合理的範圍內。如此一來，矮個子的人可以找回屬於他們的權利；高個子的人也能減少心中的不滿。

但以上的情況不能視為衝突已經完全解決，因為仍舊存在著隨時能夠引發衝突的因素。終極的解決辦法是像第三張圖片一樣，把圍牆拆除或使用其他方式重新建造圍牆。**必須記住：發生衝突的雙方，他們各自的主張一定都有其道理。**

　　如果你將解決衝突視為單純的是非對錯問題，會很難找到解決方法。想要解決衝突，就必須努力找到發生衝突的根本原因。此時，就是你發揮創意的時刻。

> ## 發生衝突的根本原因，
> ## 究竟是什麼？

職場強人的談判技術 - 整理 10

準備雙方都滿意的第三個替代方案

1. 分析對方的立場和利益，就能找出克服僵局的第三個替代方案。在 A 方法和 B 方法之間，找到能夠滿足雙方的 AB 方法，如此談判才算完成，這就是創意替代方案（Creative Option）。

2. 在合約談判中，協商困難的原因在於未來的不確定性。在這種情況下，能夠讓雙方達成共識的創意替代方案，就是增加談判條件。把「單價」這個單一條件轉換為「數量對比單價」這樣的複數條件，如此一來，就能讓雙方接受並達成共識。

3. 社會衝突的解決，在於追求「平衡」。但在追求平衡的過程中，又可能會引發其他衝突。總結來說，如果想要解決衝突，必須先準備能夠解決衝突根本原因的「創意替代方案」。

EXERCISE

　　請閱讀下方的案例，並試著找出調解雙方衝突的創意替代方案（Creative Option）。

某天，在一個和平的鄉村小鎮有人發生了爭吵，原因是關於道路通行權。A 為了幫自己的房子安裝自來水管線，於是在公共道路上方設置了塑膠水管。但是住在隔壁的 B 開著貨車經過，導致水管破裂。A 向 B 索求賠償，但是 B 馬上就大聲反擊，並主張這是自己的權利。B 是為了把自己收成的蔬菜，載往市場販賣才經過設有水管的路，而且這條路也是通往市場的唯一出路。兩人揪住對方的領口互相責怪，在這個情況下，該怎麼做才能圓滿解決他們之間的衝突呢？

項目	A	B
立場 （Position）		
利益 （Interest）		

▼

創意替代方案 （Creative Option）	

項目	A	B
立場 （Position）	不准走這條路！	必須經過這條路！
利益 （Interest）	幫房子安裝自來水管線	為了去市場賣菜

創意替代方案 （Creative Option）	先使用鏟子把土地挖開，再把水管埋在土地裡。

給想成為談判高手的你

其實，透過書籍來學習談判是有限的，談判不僅僅是單純的知識，同時也需要親身「體會」。想學習談判，就得先理解人們的心態，接著再瞭解談判的原則，最後，身體力行將這些學習成果轉化為屬於自己的東西。談判教育是以心理學、談判學等嚴謹的理論為基礎，在學習過程中也需要實戰模擬練習。

如果你希望能真正提升談判能力，就必須經歷以下過程：

第一，必須具備談判的基本精神。我們得糾正過往關於談判錯誤的觀念，然後需要確確實實地理解談判的定義和目標，以及談判成功的必要條件與核心概念。此外，心理學也是談判教育中不可或缺的重要項目之一。

我們需要透過心理學來瞭解與談判相關的人類習性，還有在決策過程中，人們所產生的各式各樣不同的反應，這些可說是打穩基本功的必經過程。請記住：地基不穩的房子只要一點風雨來襲，就會倒下。

第二，瞭解談判的原則和技術。我們經常說：「談判裡沒有
正確答案」。沒錯，不論是什麼形式的談判，都不存在著正確
答案。不過，談判是有原則的。談判的技術是經由分析這些原
則之後再提出解決方案，大家可以透過書中介紹的國內外各種
案例來學習。此外，談判的流程也是非常重要的一環，如果我
們可以善加利用談判的原則和技巧來策劃流程，就能主導或預
測談判。

　第三，熟練談判的技巧。想必各位都瞭解，「知道」和「做
到」是兩個完全不同的領域。為了在現場可以好好利用談判的
技術，反覆訓練是必要的。另一方面，如果想要增進談判技
巧，就必須實際使用它；如果不多方嘗試，是絕對無法做好
的。從這裡開始，大家就會需要專家的協助，尤其在企業的工
作坊進行模擬練習昰很好的方式。透過實際案例的分析以及重
新建構的練習，大家可以實際體驗談判的過程，同時也能熟悉
實戰的感覺。

不知不覺中，我已出版了兩本書。距離前一部作品《談判的一招（협상의 한 수）》已有五年。這段時間，我在各大企業授課，可以近距離聽到大家在商務現場的困難和疑惑。為了準備教授談判這門課，我盡了最大的努力，以業務為導向來開發課程內容和實習計畫等。也多虧有這些經歷，讓我能沉浸於日益精進談判研究的喜悅。

　　但是，將課程內容編撰成冊又是另一個難關，如果沒有ADDAND MEDIA的嚴代表，這本書或許就沒有問世的機會。嚴代表說她希望能親自聽聽作者的想法，於是堅持參加了8小時的談判課程，當時她寫專心寫筆記的模樣讓我非常感動。身為作者，難道還有比這更幸運的事嗎？本書就是在如此合作之下所誕生的作品。希望各位的談判能力能夠一步步茁壯，我將持續為大家的目標和人生努力加油。

重點總結
為談判桌上增添一份力量

提供談判成功的方案

談判充斥在我們人生的各個瞬間：與公司進行年薪談判、和同事進行工作分配、決定聚餐的地點等，從這些基本的職場生活中開始，到決定與客戶簽訂合約、付款方式、購買條件等，以上都是我們可能會面對到的各種談判。為了讓你無論在何時、何地遇到談判的情況時，都能從容又具有智慧地克服難關，書中提供了許多應對方案。

重塑談判的基本精神

為了重塑談判的基本精神，首先要打破自己對談判的刻板印象。談判不是按照自己的想法去說服對方，而是彼此達成共識的過程。並在這個基礎上重新塑造對談判的基本精神。

透過談判建立合作關係

再者，談判不會只對單方有利。透過各種談判的條件，讓你與對方都能得到利益。談判不是一次就結束的關係，我們必須與對方建立長久的互利關係。

明白談判其實並不難

過去讓人感到棘手的談判，本書以生活中可能接觸到的案例來解釋談判的定義，不論是任何人都能輕鬆理解。同時，書中介紹的10大談判課程，各位讀者也能如魚得水般地輕鬆學習。

指引出最有利的談判方式

我們必須迅速地決定自己要給予對方什麼，以及從對方身上得到什麼。

希望本書能作為大家學習談判時的入門參考，讓各位讀者在進行談判時，以最聰明的方式找到互利的方案，進而讓談判變得更加順利。

附錄
談判相關用語整理

Aim High 技巧

　　「射向太陽的箭，一定比射向樹木的箭還要高。」如同這句話，在談判中決定雙方共識的第一個提議非常重要。比起從10開始，從100開始才能得到更好的結果。從很高的價格開始慢慢退讓即是如此。根據研究結果顯示，第一個提議價格訂得較高的談判者，和第一個提議價格訂得較低的談判者，前者會得到更好的結果。

錨定效應（Anchoring Effect）

　　就如同船無法離開下錨的地方太遠，最先接觸的資訊就像精神上的錨，對人們往後的判斷會持續造成影響，這是人們思考的習慣。換句話說，就是懶惰。舉例來說，如果有人發現股市連日上漲，在這種情況下，又看到新聞媒體報導近期還會持續攀升，人們就會因為錨定效應的關係，認定股市一定會繼續熱絡，並以此為基準來判斷往後資金的發展。

披著羊皮的狼戰術（Belly-Up）

假裝自己天真無邪、無法理解眼前的狀況，藉此引發對方的同情心，此時再透過向對方訴苦以達到真正的目的。

BATNA（Best Alternative To Negotiated Agreement）

談判破裂時可採取的最佳對策。在談判學中，如果自己的BATNA很好，一定得讓對方知道這件事，但必須間接地告訴對方。假設，我方的BATNA很好、對方的BATNA較弱的話，這種情況下，必須盡可能地拖延談判，讓對方因為感到不安而做出退讓；但假設和對方相比，我方的BATNA較差，這時候快速進行談判才會有利。

虛張聲勢（Bluffing）

聽說狐狸能立即看出對方是否害怕自己，因而迫使對方感到害怕而逃跑，或是發出尖叫聲。但最好的方法是隱藏自身的恐懼，然後向對方射出空包彈。但必須注意在射出空包彈後，如果無法拿出真正實力的話，就會顯得無力。因此，當你已沒有東西可以再失去時，使用這個技巧比較好。

申明價值與創造價值（Claiming Value ／ Creating Value）

如果把有限的價值（10個）絞盡腦汁擠壓搾取，這樣的行為稱為「申明價值（Claiming Value）」；另一方面，創造市場價值來鞏固基礎（把10個變成20個）則稱為「創造價值（Creating Value）」。

反蠶食戰術（Counter-Nibble）

為了反擊對方的「Nibble戰術」，你可以使用「Counter-Nibble」來應對。舉例來說，顧客在購買價格昂貴的商品時，指了一旁比較便宜的東西問道：「這個可以免費贈送嗎？」，如果銷售員是個老練的談判專家，就會再指向另一個商品說：「連同這個一起買的話，就送你。」這樣的回應就是反蠶食戰術。

創意替代方案（Creative Option）

同時滿足雙方利益（Interest）的第三個替代方案，稱之為「創意替代方案」。找到雙方隱藏在立場（Position）背後的利益（Interest），提出雙方都滿意的解決方案。這是雙贏談判中最具代表性的方法。

Deadline 戰術（Deadline Tactics）

決定好談判的期限，讓對方產生危機感，最後再向對方施加壓力，藉此打破談判的僵局或阻止談判決裂。使對方在談判的倒數時刻，找到解決問題的辦法。

拋出誘餌戰術（Decoy Tactics）

在談判前期，持續向對方要求他不可能接受的條件，最後一邊假裝退讓，同時向對方說：「如果你在這方面真的有困難，那就給我其他東西吧！」實際上，這麼做往往能達成自己原本的目標。無禮又過分要求對方很難接受的條件，會讓談判陷入僵局，在這種情況下，一步一步做出退讓，能夠使對方自然而然地接受自己隱藏的原始目標，同時也能看出對方可接受的底線（Bottom Line）。

拖延談判戰術（Delay Tactics）

又稱為「壓力戰術」。拖延談判會使對方感到焦躁，導致對方做出大幅退讓。如果能夠判斷出對方是否有渴望快點結束談判的意圖，此時，使用這個戰術效果會更佳。舉例來說，突然撤換談判方案導致談判必須從頭開始；或是對於同個議題不斷重複提出相同主張，使對方感到疲累。

授予權力戰術（Delegation）

　　此談判方式，是向對方表示自己不是擁有最終決定權的人。就算自己真的擁有最終決定權，也要拉出上級或上司等權威人士來當擋箭牌，製造出拒絕的假象。如此一來，既可以自然地拒絕對方的提議，也能在不破壞雙方關係的前提下，得到對方的退讓。這個方法，還有在最終決定前爭取時間的效果。

優勢策略（Dominant Strategy）

　　無論對方選擇何種策略，結果都是導向對自己有利的策略，這就是「優勢策略」。在囚徒困境這個賽局中，無論是對A還是B來說，「自首」都是他們的「優勢策略」。但是，在「囚徒困境」中選擇優勢策略的結果就是，兩人都不算勝利，更稱不上優勢（Dominance），不論是誰都是失敗的。

立足於事實的談判（Fact-based Negotiation）

　　提前掌握談判對象的詳細情報，並且利用這個情報來向對方提議。舉例來說，事先掌握關於供應產業價格所有的詳細情報，利用這點在談判桌上與對方進行價格談判。

退縮（Flinching）

在對方提出意見或提議價格時，假裝自己因受到衝擊而感到非常痛苦，做出自己突然被嚇到的反應。這麼做的目的在於使對方感到不安，或讓對方覺得驚訝。

黑白臉（Good Guy-Bad Guy）

以團體為單位進行談判時，將人員分為黑臉和白臉的談判方法。這個戰術能夠成功的原因在於「對比效應」。假設在非常糟糕的對手旁，有善良的人可以好好傾聽自己的話，我們自然會較容易接受善良的人所提出的意見。

檸檬市場（Market for Lemons）

買家和賣家進行商品交易時，如果存在著資訊不對等的情況，市場上的良品會逐漸消失，最後只留下品質低劣的商品。

談判準備項目（Negotiation Preparation Table：NPT）

從資料收集（議題、利益、利害關係）開始，到實施計畫（能夠使用的BATNA）等，談判中必須準備的項目。

蠶食 (Nibble)

使對方一點、一點退讓的戰術。當談判過程拖得較長,大概接近談判方案需要暫定的時刻,也就是對方已經接受整體談判框架時,還能從對方身上得到一些微小的退讓。這也是客人在購買西裝時,與店員討價還價的技巧。舉例來說,如果西裝只有大略的價格範圍,顧客可以趁機向店員要求贈送領帶。

諾貝爾獎賽局理論 (Nobel Chicken Theory)

又稱為「瘋子」戰略。做出比對方更誇張、更過分的行為,藉此挫敗對方談判的意志。舉例來說,假設妻子又開始對丈夫囉嗦的時候,丈夫向她下跪磕頭認錯,透過以上行為來避開危機的發生。

立場 (Position) 與利益 (Interest)

為了讓談判成功,必須能區分對方的立場和利益。對方的立場,也就是對方表現出來的要求事項,在談判的術語中稱為:「立場 (Position)」;沒有表現出來的真正理由,也就是對方內在的欲望,則稱之為:「利益 (Interest)」。

正和（Positive-Sum）與零和（Zero-Sum）

在個人或是圍繞著組織的利害關係中，藉由彼此合作來達成互助的策略（我好、對手也好的策略）稱為「正和戰略」；反之，不為對方考慮只想著自己要贏，讓價值的總和減少（對方得到越多，自己分得的越少），則稱為「零和戰略」。

先發制人與反擊（Preemptive Strike & Counter Punch）

率先提出自己希望的條件，並主導談判，藉此防止出現自己不想要的結果。在自己擁有許多情報的情況下，一邊等著對方的提議，同時在最後關頭推翻它。

囚徒困境（Prisoner's Dilemma）

起初兩名罪犯想透過否認罪刑，來阻止對兩人不利的結果，但其中一人在半途中無法承受，同時另一人也是相同的情況，最後兩人都表現出想要自首的傾向。

友好關係（Rapport）

就如同「心靈相通」，意指人際關係是由信任與親密感所組成，也代表談判中達成情感上的共鳴。在諮商、教育、治療中，彼此互相協助尤其重要，Rapport就是促進這件事的動機。為了形成Rapport，必須努力理解他人的情感、思考、和經驗，藉此與對方產生共鳴。

以退為進戰術（Rejection-then-Retreat）

提出對方幾乎不可能接受的極端要求，讓對方感到抱歉，最後雙方在談判桌上各退一步，藉此得到自己想要的東西。勞資談判中，勞方經常使用這個戰術。

羅密歐與茱麗葉效應（Romeo & Julliet Effect）

人們越被禁止接近某個事物時，就越會對它產生欲望。人們會對無法擁有的事物懷有強烈的欲望，因而產生不理性的誘惑。

薩拉米香腸戰術（Salami Tactics）

Salami是義大利切得很薄的煙燻香腸，此戰術換句話說：「就是把可以一次退讓完的條件，分成多次來退讓。」藉此讓對方感到抱歉，同時提高對方的滿足感。

資訊爆炸戰術（Snow Job）

在談判過程中，當重要情報被對方掌握時，導致自己很難提出談判方案，這種時候，可以反過來提供大量的資訊給對方，造成對方資訊爆炸，藉此混淆對方的判斷。最終，對方將會因為哪　個才是真正的談判方案，而陷入資訊真偽的混亂之中，進而淡化原本的問題。

沉沒成本（Sunk Cost）

沉沒成本是指已經無法再挽回的費用。即在決策執行後發生的費用中，無法回收的部分，就稱為「沉沒成本」。已經投入的費用或利益，在未來無法成為幫助時，我們就稱為「沉沒成本」。代表性的例子如：一旦支出就不能回收的企業廣告費、研發費用等。此外，「沉沒成本效應」是指人們對於自己在某個事物上投資的時間或費用，傾向於一直持續下去。

3D 談判（Three-Dimensional Negotiation）

在既定的談判框架中，擺脫談判賽局以「人際關係」為主，進行互相交換條件的規則，反過來創造新的價值，讓第三者在談判中登場，或是從談判桌離開而移動到其他的舞台等，包括：多元化的使用談判議題、合作夥伴、談判手段等，以上技巧就稱為「3D談判」。

作繭自縛戰術（Tied in Hand）

「我也想幫助你，但是因為國會那邊拒絕了，所以我恐怕無能為力。」先設置一些前提來限制自己的立場或處境，使對方可以選擇的替代方案範圍變小。更極端一點的戰術則稱作「腳鐐戰術」。

旋緊螺絲戰術（Turning of the Screw）

一邊施加壓力，同時提出方案的談判技巧。讓對方以為隨著時間流逝，狀況會變得更加不利，使對方不再拖延時間、舉手投降的戰術。

離場戰術（Walk Away）

當人們認為談判到了退無可退的地步時，讓談判當事者轉身離去的戰術。

贏家的詛咒（Winner's Curse）

人們為了掌握談判的主導權，心想著自己必須率先提議。在這種情況下，做出談判中的第一個提議，以為自己已贏過對方，但是心裡仍然覺得不太對勁，這種情況就稱為「贏家的詛咒」。

談判能力測驗

1. 以下關於談判的概念，哪一個是不正確的？

① 談判是利害關係或觀點不同，有兩個以上當事者進行協商的過程。

② 談判可以作為解決衝突的手段使用。

③ 根據是否與對方有長期合作關係，談判可分為競爭型談判或合作型談判。

④ 當談判的狀況是零和賽局（Zero-Sum Game）時，非常有可能得到「雙贏」的結果。

2. 以下關於第一個提議的說明，哪一個是不正確的？

① 不論在什麼情況下，率先提出第一個提議比較有利。

② 談判術語「Aim-High」，是指提議的內容高於原本的目標。

③ 退縮（Flinching）此應對技巧，是表現出自己對於對方的提議感到不知所措或驚訝。

④ 在資訊不足的情況下，把提議權讓給對方比較好。

3. 以下關於錨定效應（Anchoring Effect）的說明，哪一個是不正確的？

① 又稱為「下錨效應」或「停泊效應」。

② 做決策時，最初提出的基準價格，會對自己往後的判斷造成影響。

③ 精品業者把最低價的商品陳列在最前面，就是使用錨定效應的行銷策略。

④ 錨定效應可以作為談判的策略使用：先提出比原本目標還要高的價格，搶先取得談判的基準點。

4 以下關於BATNA的說明，哪一個是不正確的？

① 是Best Alternative To Negotiated Agreement的縮寫。

② 指談判破裂時，可以採用的最佳替代方案。

③ 普遍來說，BATNA更好的一方在談判中占有優勢。

④ 在談判進行過程中，不需要考慮對方的BATNA。

5 以下關於ZOPA的說明，哪一個是不正確的？

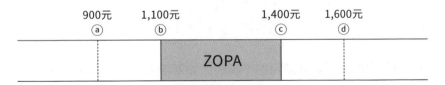

① 是Zone Of Possible Agreement的縮寫，指談判協議區。

② ZOPA是由買家的目標ⓑ和賣家的目標ⓒ所組成。

③ ⓓ是買家宣告談判破裂的界線。

④ ⓐ是買家的策略性需求（Aim-High）價格。

6. 下列選項中，哪一個不是哈佛大學談判問題研究所提出的談判成功條件？

① 協商

② 利益

③ 效率

④ 關係

7. 以下關於談判術語的說明，哪一個是不正確的？

① 對方表面上的需求稱為：「立場」。

② 對方產生需求的真正理由稱為：「利益」。

③ 「Creative Option」是指雙方都滿意的新替代方案。

④ 在談判初期取得微小收穫的技巧，稱為蠶食（Nibbling）。

8. 以下關於雙贏（Win-Win）的說明，哪一個是不正確的？

① 雙方各自退讓一半，取得中間點的協商就是最好的「雙贏」。

② 談判中討論的議題越多元化，越容易達到「雙贏」的結果。

③ 從沒討論過的議題在談判中也是需要的。

④ 代表性的技巧，是互相交換彼此比較重要和不重要的東西。

9. 以下哪個選項是在談判的準備和開始階段中，不需要執行的部分？

① 掌握對方的資訊和提議。

② 簡單協商事項和討論執行方案。

③ 對第一個提議和對方的提議做出反應。

④ 分配角色和決定談判的程序。

10. 下列是傾聽的方法，請問哪一個選項的性質與其他不同？

① 順著對方的話說下去。

② 換句話說。

③ 說服對方。

④ 與對方產生共鳴。

11. 關於談判的流程，請選出最合適的順序。

A 最終協議	B 討論替代方案	C 實際談判
D 合約簽訂	E 開會制定策略	F 情報調查

① E-F-B-C-A-D

② C-B-F-E-A-D

③ F-C-B-A-E-D

④ B-C-E-F-D-A

12. 以下關於「囚徒困境」的說明，哪一個是不正確的？

① 是賽局理論具有代表性的觀念。

② 只考慮自己的利益後做出選擇，結果導致雙方都變得不利的情況。

③ 納許均衡（Nash Equilibrium）是指因為互相信任而導致最壞結果，「囚徒困境」可以解決這個問題。

④ 雙方的利害關係發生衝突的情況下，達成雙贏談判的理論基礎。

13. 下列哪一個選項不屬於合作型談判的方式？

① 提出創意替代方案。

② 鞏固基礎。

③ 找到隱藏的利益（Hidden Interest）。

④ 使用強烈的虛張聲勢戰術（Bluffing）。

14. 以下關於沉沒成本的說明，哪一個是不正確的？

① 支付後，不管事後做任何決策都無法回收的費用。

② 代表性的費用有企業的廣告費、研發費用，又稱為「機會成本」。

③ 假如人們已經在某件事物上投資自己的金錢、心力、時間等，並傾向於繼續付出的行為即是沉沒成本效應。

④ 如果談判時間尚有餘裕，盡可能延後做決策比較有利，是因為沉沒成本的關係。

15. 以下關於競爭型談判的說明，哪一個是不正確的？

① 利用BATNA使自己的利益極大化。

② 準備談判時，事前蒐集大量資訊。

③ 如果沒有BATNA的話，為了減少損失只能選擇退讓。

④ 徹底備妥提議價格的依據。

16.以下哪一個選項不是跳脫對方錨點（Anchoring）的方法？

① 反過來詢問對方提議的明確依據。

② 使用退縮（Flinching）戰術來回應。

③ 使用ZOPA做好事前準備。

④ 無條件率先提出價格。

17.以下關於最後通牒賽局的說明，哪一個是不正確的？

① 將收到的一筆固定金額與對方瓜分的一種賽局。

② 在金錢方面，人們總是會排除自己的情感，理性地行動。

③ 根據每個人傾向的不同，結果也可能有所不同。

④ 設置這個實驗的目的，在於瞭解人們是否能夠理性地做決策。

18.為了進行有利的談判，下列哪一個不是需要考慮的？

① 只專注在當下談判中所發生的問題。

② 在談判開始前，尋找可以讓價值極大化的方法。

③ 為了預防談判破裂，準備各式各樣的 BATNA。

④ 如果現在的談判方式不順利的話，不必鑽牛角尖，而是找尋新的談判方法。

19. 以下關於創意替代方案的說明，哪一個是不正確的？

① 在各自需求不同的情況下，雙方都滿意的第三個替代方案，稱為「創意替代方案」。

② 必須掌握對方的利益而非立場，如此一來，才能找到創意替代方案。

③ 為了維持現在的主張，必須準備足以支持自己論點的依據來說服對方。

④ 如果需要對未來不確定的內容進行商議，附帶條件的談判就是具有代表性的創意替代方案。

20. 以下關於使用議題（Agenda）談判方式的說明，哪一個是不正確的？

① 使談判的議題多元化，讓對方無法掌握我方策略的一種談判方式。

② 如果談判的議題無法再增加，將議題再細分也是一種很好的方法。

③ 把比較不重要的東西讓出去，把更重要的東西收為己有。

④ 可以使雙方各自認為重要的利益極大化。

成功的談判，
是讓對方在結束時
覺得自己勝利了！

———《不是說服，是談判》

請拿出手機掃描以下QRcode或輸入
以下網址，即可連結讀者問卷。
關於這本書的任何閱讀心得或建議，
歡迎與我們分享 ☺

https://bit.ly/35DlUA

不是說服，是談判

直擊思維困境的 10 堂共贏課

作　　者 | 吳明浩
譯　　者 | 黃筱昀
發 行 人 | 林隆奮 Frank Lin
社　　長 | 蘇國林 Green Su

出版團隊

總 編 輯 | 葉怡慧 Carol Yeh
企劃編輯 | 楊玲宜 Erin Yang
責任行銷 | 朱韻淑 Vina Ju
封面裝幀 | 周家瑤 Yao Chou
版面設計 | 張語辰 Chang Chen

行銷統籌

業務處長 | 吳宗庭 Tim Wu
業務主任 | 蘇倍生 Benson Su
業務專員 | 鍾依娟 Irina Chung
業務秘書 | 陳曉琪 Angel Chen・莊皓雯 Gia Chuang

發行公司 | 悅知文化　精誠資訊股份有限公司
　　　　　 105台北市松山區復興北路99號12樓
訂購專線 | (02) 2719-8811
訂購傳真 | (02) 2719-7980
專屬網址 | http://www.delightpress.com.tw
悅知客服 | cs@delightpress.com.tw
ISBN：978-986-510-123-7
建議售價 | 新台幣350元　　　　首版一刷 | 2020年12月

國家圖書館出版品預行編目資料

不是說服，是談判：直擊思維困境的
10堂共贏課 / 吳明浩著. -- 初版. -- 臺
北市：精誠資訊, 2020.12
　　面；　公分
ISBN 978-986-510-123-7 (平裝)
1.談判 2.談判策略

177.4　　　　　　　　　109020371

建議分類 | 商業理財

협상이 이렇게 유용할 줄이야
Copyright ⓒ2020 by Oh myeong ho
All rights reserved.
Original Korean edition published by ADDAND MEDIA
Chinese(complex) Translation rights arranged with ADDAND MEDIA
Chinese(complex) Translation Copyright 2020 by SYSTEX Co., Ltd.
Through M.J. Agency, in Taipei.

談判筆記　「試著將微小的力量，運用到極致。」

_____

_____

_____

_____

_____

_____

_____

_____

_____

_____

_____

_____

_____

_____

_____

_____